不登校・ひきこもり急増

コロナショックの支援の現場から

杉浦孝宣＋NPO法人高卒支援会

光文社新書

はじめに

今、不登校やひきこもりの児童生徒がかつてないほどに急増しています。パンデミック、新型コロナウイルスの大流行が、子どもたちに大きな打撃を与えたからです。不登校・ひきこもりの〝コロナショック〟です。

それは2020年2月27日、当時の安倍晋三首相が、新型コロナウイルス感染症対策本部で、全国の小中学校と高校、特別支援学校に、臨時休校を要請する考えを表明したことに始まりました。これを受け、3月2日から全国の学校の多くが、突然の休校を余儀なくされたのです。その後、4月7日に東京都など7都府県で史上初の緊急事態宣言が発令されたのを皮切りに、宣言は全国に拡大され、最終的に宣言が全て解除されたのは、5月25日でした。

およそ3カ月という長期間にわたる休校が首都圏では続いたのです。日本全国の児童生徒がステイホームと称する、疑似ひきこもりになったわけです。これが、不登校やひきこもりだった生徒だけでなく、それまで不登校やひきこもりと無縁だった生徒たちにまで、大きな影響を与えました。

私、杉浦孝宣《すぎうらたかのぶ》は、36年以上にわたり不登校・高校中退・ひきこもりの生徒の指導をしてきました。のべ約1万人を指導し、たくさんの生徒たちが不登校・高校中退・ひきこもりから立ち直っていくお手伝いをしてきました。その長い指導経験の中で編み出してきた、生徒たちを立ち直らせる方法を、全国の当事者やその保護者、指導する先生や学校、教育委員会や行政など、さまざまな人たちに知ってほしいと、前著『不登校・ひきこもりの9割は治せる　1万人を立ち直らせてきた3つのステップ』（光文社新書）を2019年に出版させていただきました。

しかしその後、私の想像していなかった事態が起こりました。それがパンデミック、新型コロナウイルスの大流行でした。これは、不登校やひきこもりだった生徒に大きな影響を与えました。

休校期間中は、私が理事長を務めていたNPO法人高卒支援会にも相談が相次ぎました。

「学校の先生やスクールカウンセラーと話をするために学校に行く機会もなくなり、ますます外出を嫌がるようになった」「起床が昼頃になって、食欲も落ち、悪循環に陥っている」といった相談が増えました。

学校再開後も、学校になじめなかったり孤立してしまったりする児童や生徒が増え、さまざまな相談がありました。

文部科学省の調査によると、２０２０年の小中高校生の自殺者数は過去最多の４９９人になったと報道されています。

ただでさえ、学校に行けない、外に出られない子どもたちは、この〝コロナショック〟で、外に出ることがより一層難しくなりました。立ち直ろうと頑張っている目前で、その道を絶たれ、またひきこもりに戻ってしまうケースもありました。

一方、不登校やひきこもりの状況にあるのに、その実態が新型コロナという隠れ蓑で見えなくなっているケースもあります。

本書ではコロナショックで起こったこうした状況を、実例を挙げて細かく見ていきます。

そして当会では、どのようにして子どもたちを立ち直らせたのかを、知ってほしいと思います。

文部科学省では、不登校を病気や経済的理由を除き、「年度間に連続又は断続して30日以上欠席した児童生徒（小・中学校）」と定義しています。コロナ禍となった令和２年度は19万６１２７人（「令和２年度児童生徒の問題行動・不登校等生徒指導上の諸課題に関する調査結果について」令和３年10月13日発表）となり、調査開始以来、最多を記録しています。この数にはコロナ感染回避のための長期欠席者２万９０５人が含まれていないので、実質的には21万７０３２人と、前年比で19・７％も増加しているのです。

しかし、こうした不登校の子どもたちのほとんどに、行政からの支援は届いていません。本来ならば、各自治体の教育委員会が設置する教育支援センター（適応指導教室）が、不登校の児童生徒を指導するということになっています。いわゆる公的なフリースクールです。しかし、教育支援センターと同センター所管の機関で相談・指導を受けた子どもを合わせても、合計約19％しかいません（同調査による）。高卒支援会で実態を調べたところ、一度でも相談をしたらこの数にカウントされるので、継続的に通っている児童生徒は、さらに少なくなり、数パーセントしかいないのです（詳しくは５章で説明します）。

どういうことでしょうか。つまり、約19万人以上いる不登校の子どもたちのほとんどが、何も支援されていないのです。このまま放っておけば、ひきこもりにつながっていきます。長期化すれば８０５０問題《はちまるごーまる》（高齢になった80代の親が50代のひきこもりの子を抱えて生活に困窮《こんきゅう》する問題）に発展してしまいます。

東京都では、公立中学校の卒業式を約３０００人の生徒が欠席しています。不登校の状態のまま卒業になってしまうのです。この子どもたちはこの後、一体どうなるのでしょうか。放っておいていいのでしょうか。

これは国家の大きな損失にもつながります。

こども庁の創設が議論されていますが、中でも、不登校・ひきこもりは喫緊《きっきん》の課題です。ひきこもりの子どもが、将来自律して生活できるようにならなければ、生活保護を受けることになります。財政破綻《はたん》も見えてきます。

しかし、私が36年以上にわたって培ってきた指導方法で、しかも、20代前半くらいまでの若いうちなら、９割の確率で直せるのです。子どもたちが自律して、勤労、納税の義務を全うし、それぞれの能力を社会で発揮できれば、国の発展につながるのです。

では、一体どうすればいいのでしょうか。何から始めたらいいのでしょうか。

それが、アウトリーチ支援です。

アウトリーチ支援とは、私が36年にわたって指導して編み出してきた方法のうちの一つです。

ひきこもりの子どもが立ち直るには、大きくわけて、

ステップ①　規則正しい生活をする
ステップ②　自律して自信をつける
ステップ③　社会貢献をする

という3つのステップがあります。アウトリーチ支援は、ステップ①の前の最初の段階にあります。このアウトリーチ支援が一番難しいといっても過言ではありません。

教育支援センターでは、このアウトリーチ支援ができていないのです。

学校にさえ行けない子に、「学校に行けないなら、ここにおいで」と待っているだけでは、子どもたちが行くわけがありません。アウトリーチ支援とは、こちらから、子どもたちが閉

じこもっている部屋に出向いていくのです。少しずつコミュニケーションをとって信頼関係を築きながら、外の世界に向けて、一歩一歩、一緒に、踏み出していくのです。

ひきこもりから脱して学校やフリースクールなどに復帰するためには、これまでの経験からいうと、ひきこもっていた時間と同じくらいの時間がかかります。非常に時間もかかりますし、危険が伴うこともあります。だからこそ、慎重にやる必要がありますし、相手によって反応も違いますから、ノウハウが必要なのです。

高卒支援会でのアウトリーチ支援は、２０１７年から２０２１年10月までの約４年半で、41件中35件成功しています。残念ながら全ての子どもを救えているわけではありませんが、成功率は85・４％です。

本書では、このアウトリーチ支援のノウハウを、全て公開します。一人でも多くの不登校・ひきこもりの子どもを救いたいからです。

教育支援センター側も、これまでの方法だけでは解決が難しいことが徐々に分かってきて、当会が協力をお願いされることもあります。全国の自治体でも渋谷区が初めて当会と連携し

図表0　一般社団法人　不登校・引きこもり予防協会

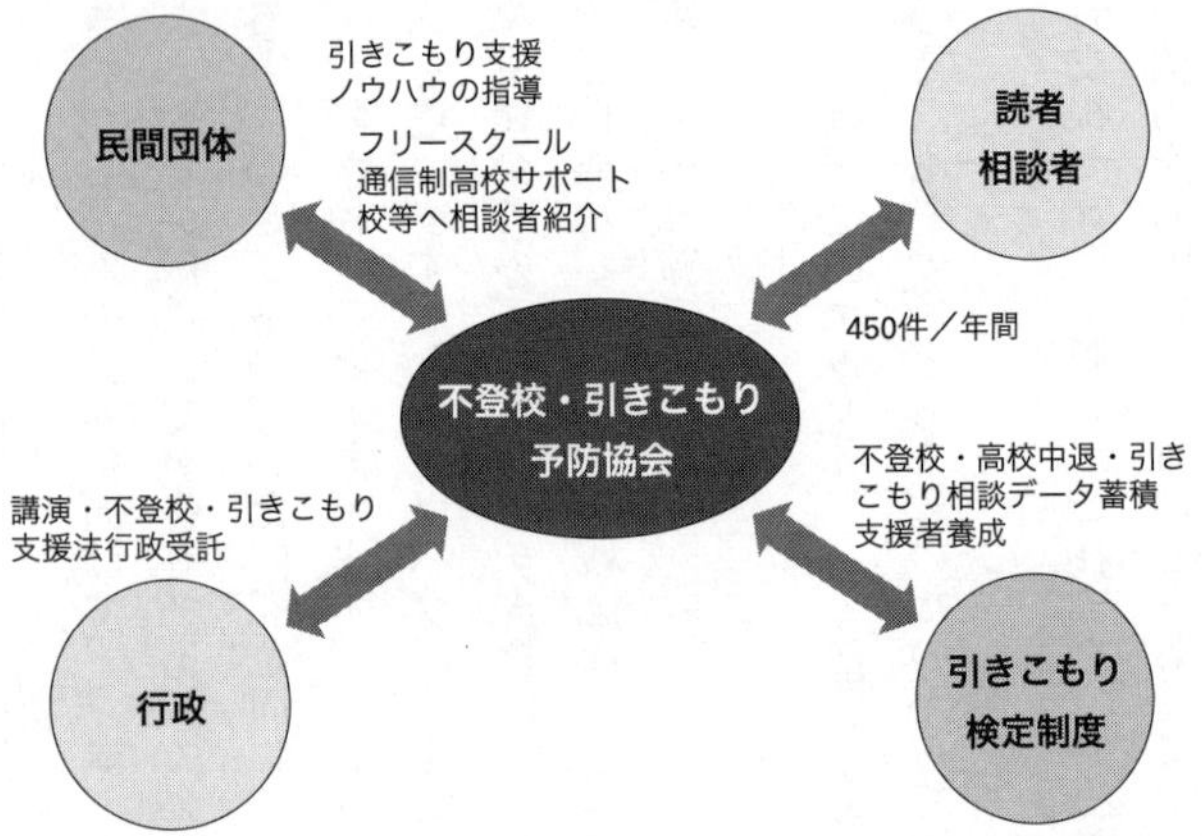

て、若者支援を行う事業を始めています。

私もこの方法を、全国の不登校やひきこもり状態にある子どものお父さんお母さん、教育関係者、行政関係者にも知ってもらうために、一般社団法人不登校・引きこもり予防協会を設立しました。不登校やひきこもりを指導する大人、学校や教育委員会、自治体、政府など、あらゆる人々や機関と連携して、一人でも多くの子どもが社会復帰できるように、お手伝いしたいと思っています。

ただし、この方法は、20代前半くらいまでの青少年に限っての方法です。それより上の世代は、指導したことがないので分かりません。先ほども述べたように、ひきこもる時間が長ければ長いほど、立ち直るまでの時間も長くなるのです。放っておいては、状況は悪くなるばかりです。一刻も早く、アウトリーチ支援を始める必要があります。

それを今、決断できるのは、これを読んでいるお父さんお母さんなのです。

本書を読んで、一刻も早く、ご自分のお子さんを救ってあげて下さい。

※本書に出てくる人物でカタカナ表記は全て仮名です。

※本書は「はじめに」と1章、5~7章、11~12章を杉浦が執筆し、現・高卒支援会理事長の竹村聡志が2~4章、8~10章を執筆しています。

不登校・ひきこもり急増

目次

第12章　女子に多い不登校タイプと新しい進路の形——インターン経験を活用した総合型選抜……245

編集協力：小山美香
図版作成：デザインプレイス・デマンド

第１章

コロナショックによる不登校・ひきこもりの急増と不透明化

図表1　児童生徒の自殺者数の推移

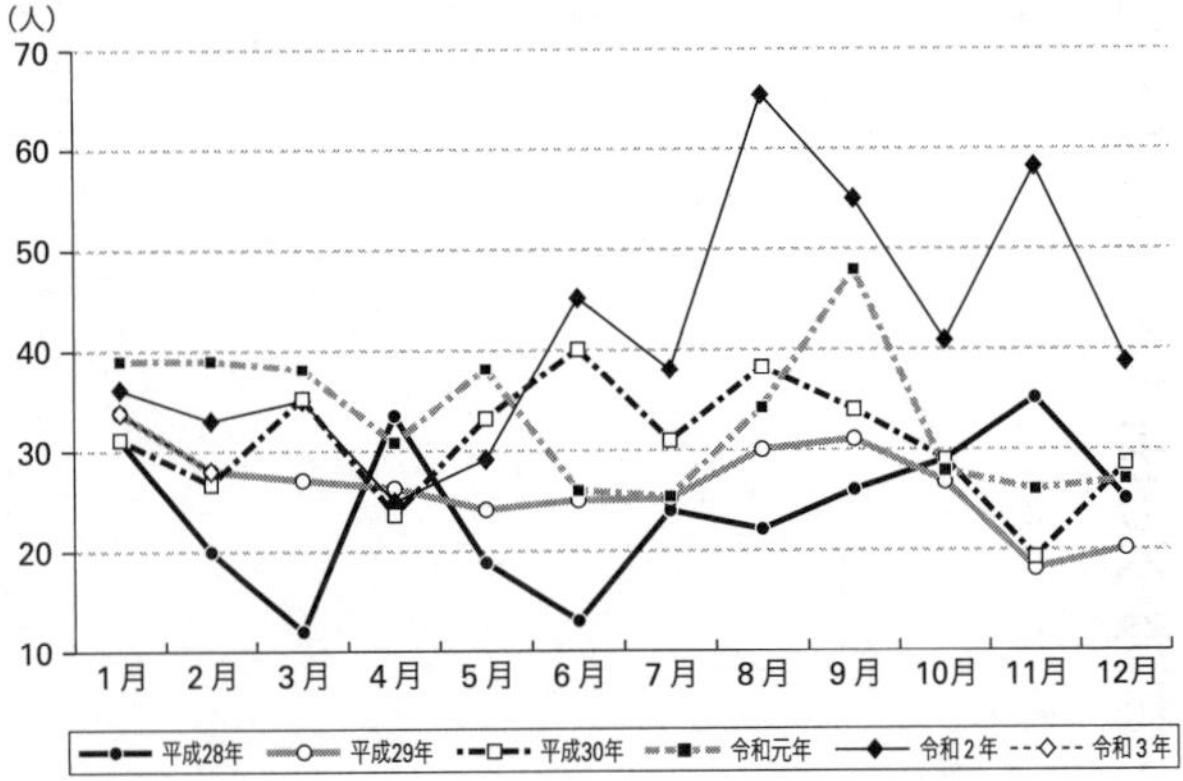

※令和3年は2月まで
出所：「コロナ禍における児童生徒の自殺等対策について」令和3年3月26日 文部科学省

増加した子どもたちの自殺

児童生徒の自殺者数は、コロナ禍の影響を受け、令和2年はこれまでの国の調査において、過去最多を記録しました。小中高校生のいずれも増加しましたが、特に女子高校生は140人に達し、前年の1・75倍にまで増加しました（令和3年3月26日更新版「コロナ禍における児童生徒の自殺等対策について」文部科学省資料）。

グラフを見ると、6月に最初の大きな山があり、その後、8月にさらに大きな山があるのが分かります。例年は夏休み明けの9月が、児童生徒の自殺者数が一番増える月です。令

図表2　中学生の自殺者数の推移

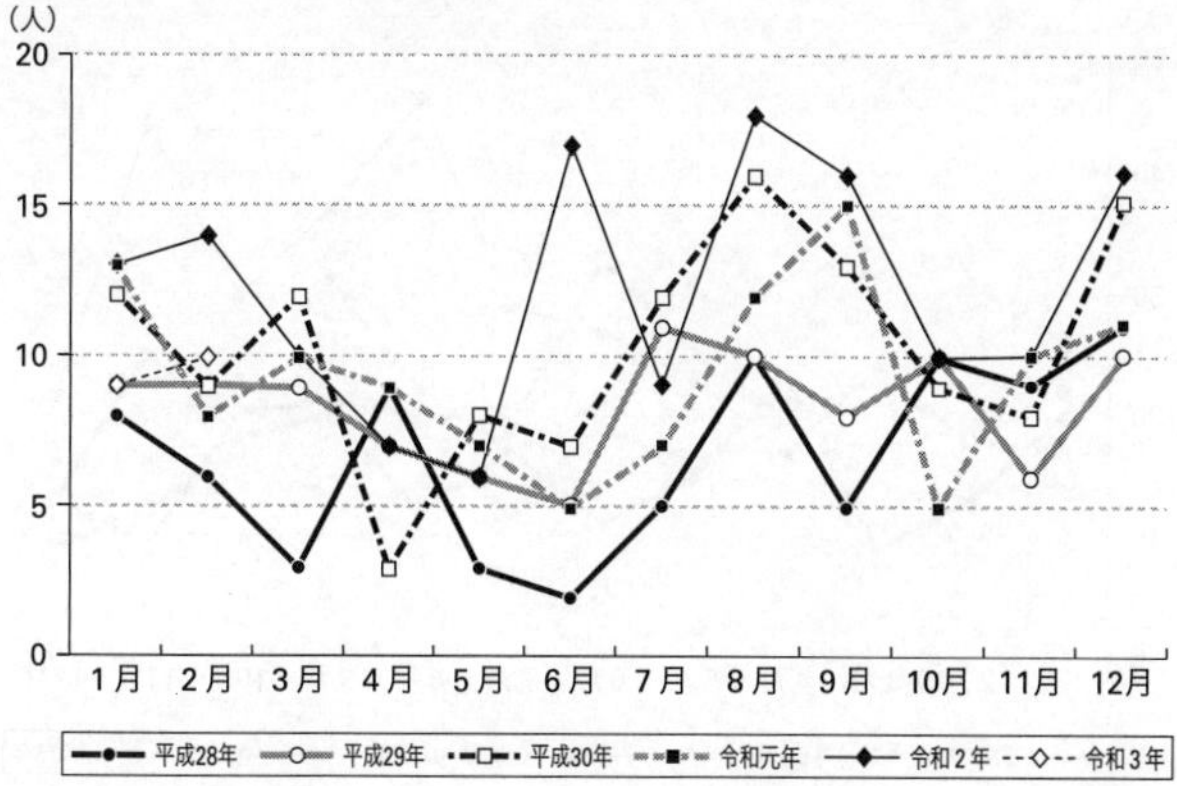

※令和3年は2月まで
出所：「コロナ禍における児童生徒の自殺等対策について」令和3年3月26日 文部科学省

和元年と2年のグラフを比べると明らかでしょう。それが、コロナで6月と8月になった。どういうことでしょうか。

令和2年は3月から5月まで3カ月間という長い休校期間がありました。これが不登校気味だった生徒、さらに不登校ではなかった生徒まで、追い詰めてしまったと思われます。学校が再開したのが5月下旬から6月です。再開後も、密を避けるためにクラスの半数ずつ登校するなどの対策をとった分散登校が行われました。学校行事は中止され、給食や弁当を食べるときは話をせずに全員前を向いて黙って食べる黙食などの指導も行われました。

本来、子どもは友達と話をしたり触れ合ったりする中で友人関係を育み、友達からの信

図表3　高校生の自殺者数の推移

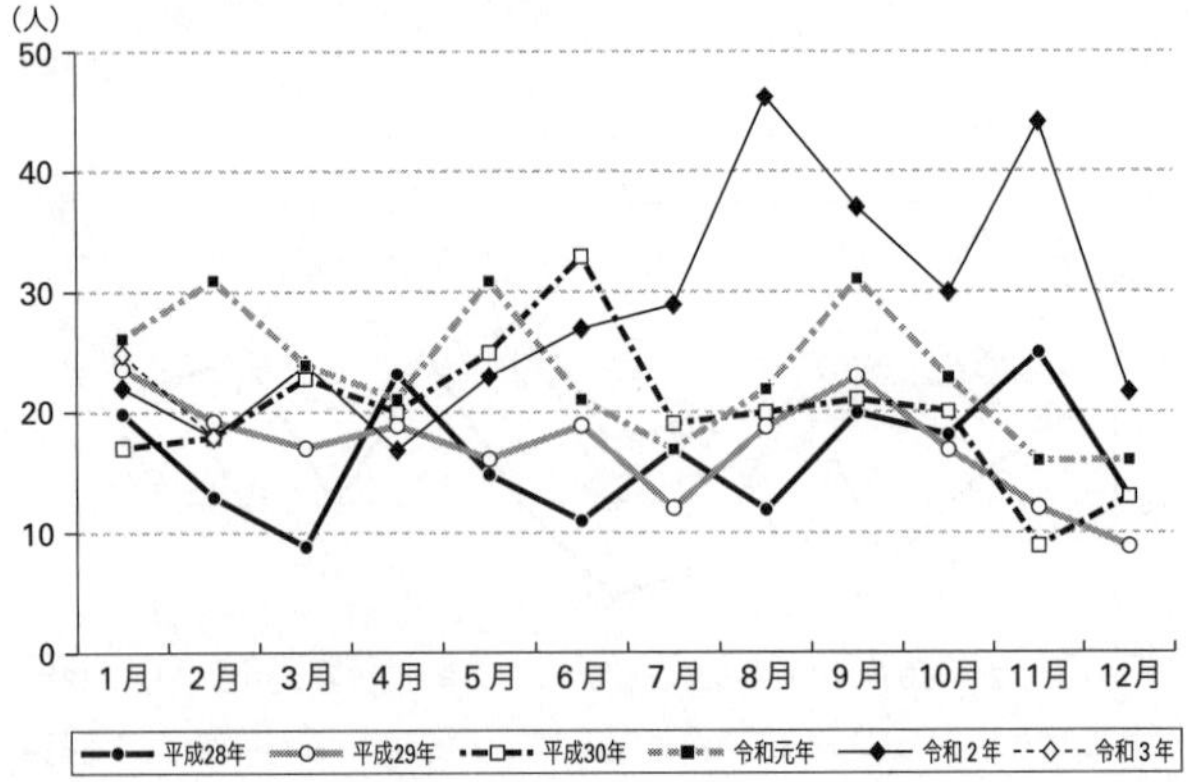

※令和3年は2月まで

出所：「コロナ禍における児童生徒の自殺等対策について」令和3年3月26日 文部科学省

頼を自己肯定感に変えて、学校に登校して勉強や運動など新しいことに挑戦できるものだと私は思っています。

しかし、密を防止する、飛沫感染を防ぐために、そうした友人関係を育む機会がなくなってしまったのです。こうした中で、もともと友人関係作りが苦手な生徒が、より孤立しやすい環境になってしまったといえます。異例の長期間だった休校明けというタイミングに加え、コロナならではの感染対策を優先する環境が、児童生徒の自殺のきっかけの一つになったと推測されます。さらに、8月は夏休みが短縮された学校がほとんどでした。友人関係ができないまま夏休みになり、8月下旬から学校が再開されたのです。早い学校再開が子どもたちを追い詰めたのでしょう。これが、自殺者が8月に増えた背景にあると私は考えています。

コロナ欠席で不登校とカウントされなくなった

コロナは不登校やひきこもりを助長しました。例年では夏休みの後、ゴールデンウイークの後など、長期休み明けが一番不登校になりやすいタイミングです。それが、3カ月という例年にない長期間の休校になり、家にいるのが当たり前になってしまった。再開してもオンライン授業だったり、分散登校で行ったり行かなかったりして、家に長時間いる生活が許されてしまう環境になってしまったのです。

こうした環境により、不登校や保健室登校が例年より増えたのです。日本教職員組合の調査では、学校再開後や夏休み明けに不登校や保健室登校が増えたと答えた学校は2割を占めたと報道されています（教育新聞2020年10月12日）。

これに追い打ちをかけたのが、文部科学省の方針です。2020年4月10日、萩生田《はぎうだ》光一《こういち》文部科学大臣（当時）は記者会見で、感染拡大の可能性が高いと保護者が判断して学校を休む子どもについて、校長が合理的な理由だと認めれば、欠席として扱わないという見解を出しました。

その後に通知した「新型コロナウイルス感染症に対応した持続的な学校運営のためのガイドライン」では、「臨時休業等に伴い、やむを得ず学校に登校できない状況にある児童生徒等については、各学年の課程の修了又は卒業の認定に当たっては、弾力的に対処し、その進級、進学等に不利益が生じないよう配慮する」と明記されました。

これにより、各学校でさまざまな判断がされましたが、休んだ生徒を欠席扱いしない学校がほとんどだったと思います。欠席にならないのであれば、もともと不登校気味の生徒が休んでしまうのは当然でしょう。これにより、不登校が助長され、さらにその状況が見えにくい状態になってしまったのです。

これまで文部科学省では、不登校を「年度間に連続又は断続して30日以上欠席した児童生徒」のうち、「何らかの心理的、情緒的、身体的、あるいは社会的要因・背景により、児童生徒が登校しないあるいはしたくともできない状況にある者（ただし、「病気」や「経済的理由」による者を除く」と定義してきました（令和元年度「児童生徒の問題行動・不登校等生徒指導上の諸課題に関する調査」より）。しかし、コロナを理由に休んで欠席にならないのでは、本来不登校として数えられるべき生徒が、不登校にならなくなってしまいます。つまり、令和2年度の不登校が19万人とされていますが、実際にはコロナ感染回避のための欠席者2万人も不登校と考えられますので、合計すると21万人もの不登校児童生徒がいるのです。

コロナがきっかけで不登校になった生徒

実際のコロナで不登校になった相談例です。

【ショウスケくん】（コロナ休校後、小学6年生の秋から休み始め、不登校に。高卒支援会の訪問支援で立ち直り、現在は中学に登校できている）

ショウスケくんはもともと大人しいタイプで、友達作りが苦手なほうでした。小学5年生までは、なんとか友達ができて仲良くやっていましたが、コロナで5年生の3月から突然休校になってしまいました。そのまま6年生になりましたが、休校が続き、友達と遊んだりすることもなく、ずっと家で過ごしていました。

その後、5月下旬に緊急事態宣言が明け、学校が始まりました。新しいクラスです。密を避けるために分散登校になり、出席番号で半分に分けて登校するので、クラスメイトの半分には会えません。授業時間も短縮していて、なかなか友達ができず、クラスでもほとんど話さない日々が続きました。

6月中旬からは完全に元通りの授業になりました。しかし、感染予防のため、マスクを着用して、密を避けた行動をしなくてはなりません。学校行事も中止になり、給食でも全員が前を向いてしゃべらずに食べなさいと指導されます。第一、新しいクラスメイトのマスクを外した顔を見たことがないのです。友達ができないまま1学期が終わりました。

夏休みが短縮され、8月下旬から2学期が始まりました。しかし、状況はあまり変わりません。クラスでは友達がいなくて孤立し、悪口を言われることもありました。しだいに、週に2〜3日休むようになり、11月からは全く学校に行けなくなってしまいました。

ただ、前出の文部科学省の意向を受け、学校ではコロナの感染不安で登校できない生徒のために、授業をオンライン配信しています。ショウスケくんはそれに出席しているので、出席停止扱いになり、欠席とはなりません。

しかし実際は、タブレットに学校の配信をつなぎっぱなしにして、日中はずっとゲームをして過ごしているのです。しだいに学校以外の外出も渋るようになってしまいました。ひきこもりの危機です。

このショウスケくんのように、実際は不登校でも、文部科学省の方針によりコロナで不利益を受けないような対処が全国の小中高校でされているため、欠席していることにならないのです。

その後、ショウスケくんのお母さんから高卒支援会に相談があり、アウトリーチ支援（訪問支援）を続けて、翌年４月からは中学校に登校できるようになりました。ショウスケくんのケースは、たまたまお母さんが迅速に行動してくれたために、立ち直ることができましたが、コロナで不登校になったままの児童生徒も多いと思われます。欠席扱いにならないため、本人も保護者も危機意識が薄いのです。

高校では、休んでも欠席日数としてカウントされないことはもっと大きな意味を持ちます。

小学校と中学校は義務教育なので、欠席日数がいくら多くとも進級・卒業できますが、一般的な全日制の高校では、欠席日数が総授業日数の3分の1を超えると、進級・卒業ができません。高校にもよりますが、おおよそ60日休むと、留年（原級留置）の可能性が出てきます。また、60日以内であっても、一つの科目につき3分の1以上の欠席があれば、単位をもらえず、これも留年になります。これまでの指導経験からいうと、ゴールデンウイーク前後から欠席し始めると、1学期の終わりには留年がほぼ確定してしまいます。留年して1学年下の生徒ともう一度その学年をやらなくてはならないのですから、留年より退学のほうを選択するケースがほとんどとなっています。

しかし、そこへきてのコロナです。休んでも欠席になりません。例年なら進級や卒業ができない生徒が、欠席日数をカウントされていないので、進級・卒業ができてしまうのです。

令和2年度の高校の不登校数は4万3051人で、前年の5万1００人よりかなり減っているように見えますが、実際はコロナ感染回避の欠席者9382人がいるので、実質は合わせて5万2433人と増加しているのです。

不登校のままでも進級・卒業できてしまう

実際の不登校のまま進級・卒業ができた例です。

【ユメさんの事例】（現在18歳。不登校状態でもコロナで高校卒業できた後、浪人中）

ユメさんは中学受験をして、毎年東大に10人前後の合格者が出る中高一貫の進学校に入学しました。中学の頃は部活も行事にも積極的に関わり、元気に通っていました。成績も上位で何も問題がなかったといいます。

それが高1になってから、変わってきました。担任の先生は東大出身の先生で、授業中も「こんな問題も解けないと、東大に合格できないぞ」とクラス全員に罵声を浴びせます。ユメさん自身が個人的に怒られたわけではありませんでしたが、常に強いプレッシャーを受ける生活に疲れ、しだいに休みがちになってきました。

高2になって担任は変わりましたが、その先生も「君たちは人間以下です」というのが口ぐせの先生でした。受験勉強に追い立てられ、人としての尊厳を踏みにじるような言葉ばかり浴びせられて、ユメさんは体調が優れない日が増え、ますます学校を休む日が増えてしまいました。高2の3学期になると、○○の授業をあと1回休んだら留年になってしまう、というところにまで追い詰められます。各教科の残りの授業数と欠席日数を数えると、3月の全ての授業に出席すれば、高3に進級できますが、休んでしまえば留年になってしまいます。留年になるなら、通信制高校への転入も考えなくてはなりません。ユメさんもお母さんも、高3の進路が決まらないままで不安だったといいます。

そんなとき、安倍元首相の判断で、新型コロナウイルス感染拡大防止のため学校が休校になったのです。これで3月は出席停止扱いになり、無事高3に進級できることになりました。

高3に進級したものの、学校にあまり行けない状態は変わりません。休校中から学校はオンライン授業を開始しましたが、ほとんど授業に参加していませんでした。5月下旬から学校が再開し、対面授業が始まりましたが、行けない状態に変わりありません。ただ、それも〝新型コロナウイルス感染回避のための出席停止〟とされ、欠席日数としてカウントされません。ユメさんも、それなら無理に学校に行かなくてもいいと思うようになってしまいました。

学校から通知があったのは、9月下旬。10月からは、新型コロナウイルスへの感染が疑われる場合や、濃厚接触者になった場合のみ、出席停止扱いとなり、それ以外は通常の欠席になることが文書で明記され、保護者全員に配布されました。

高3は例年通り、1月以降は受験のために自由登校となり、出席しなければならない授業はありません。すると、ユメさんが行かなければならないのは、実質10月から12月中旬までの約2カ月半です。ユメさんは、ときどき休みながらも、なんとかぎりぎりの出席日数で、卒業できました。

ユメさんのケースは、前著でも指摘したように、私立中高一貫進学校特有の問題で、不登校になっています。このような行き過ぎた大学受験に偏った指導は、超名門校というより、その少し下のレベルにある進学校や、学校名を変更したり、共学化したりして進学校を目指す新規の学校に多い傾向があります（詳しくは前著2章を参照）。

言い訳として使われる「コロナだから……」

もし、コロナでなかったら、ユメさんの場合は高2から高3に進級できていなかったでしょう。今まで休みが多く、五月雨《さみだれ》登校（行ったり行かなかったりを繰り返す）が続いていたのに、急に3月だけ全て出席というのは現実には難しいからです。仮に、高3に進級できたとしても、やはり、高3の4月から急に出席ができるようになるのは難しいでしょう。どちらにしても、退学となったと考えられます。

それが一転、コロナによって、進級もできて、卒業もできてしまった。一見、それは喜ばしいことに思えます。しかし、学校に行けない状態のまま卒業してしまったら、その後はどうなるのでしょうか。ユメさんは大学受験を目指して浪人しているといいますが、塾にも行ったり行かなかったりを繰り返しています。このままで大学に合格できるのかも心配ですし、大学に合格したとしても、その後、毎日通えるのでしょうか。社会人になったとしても、毎日出社して仕事をすることができるのでしょうか。

もしコロナでなければ、進級や卒業ができなかったことをきっかけに、高卒支援会などの相談機関に相談すれば、通信制サポート校やフリースクールなどに毎日登校できるように訓練できたかもしれません。しかし、結局ユメさん本人は、そういった相談機関に行かないままになっています。立ち直る機会が奪われてしまったともいえます。

ショウスケくんやユメさんのように、不登校状態になっているのにもかかわらず、学校で出席停止扱いになっているので進級できたり卒業できたりするため、当事者の生徒も保護者も危機感が薄くなっています。家にずっといても、周囲からの視線も「コロナだから」という言い訳があるので、それほど気にならなくなっているのです。

そのため、高卒支援会での相談件数もコロナ以降は減っています。２０１７年度には４４７件の不登校・ひきこもりの相談件数がありましたが、コロナ禍になった２０２０年度には２９３件になりました。

不登校やひきこもりになっても、相談機関などに相談して、きちんと立ち直って毎日登校したり通学したりできるようになれば、その後の人生はいくらでもやり直せます。しかし、ひきこもった状態で、立ち直るきっかけがないまま毎日が過ぎていくと、これは大変な問題になります。８０５０問題につながっていくのです。

私の指導経験上、不登校やひきこもりになったら、その相談や指導を開始するのが、早ければ早いほど、立ち直りやすいですし、立ち直るのにかかる時間も短くなります。

しかし、コロナのために、立ち直るきっかけを失っている子どもが多くいるのです。

第2章
コロナショックで困難になる立ち直りへのステップ

ひきこもりからの復帰が遅れてしまっている

実際にコロナショックが、どのように不登校・ひきこもりからの立ち直りに影響を与えているか、実例を挙げながら見ていきたいと思います。

ここからは、私が一般社団法人不登校・引きこもり予防協会の代表理事と高卒支援会の会長となったため、理事長を引き継いでもらい現場の直接指導にあたっている後進の竹村聡志《たけむらさとし》に、詳しく説明をしてもらいます。

竹村です。2020年度からは高卒支援会でも、コロナの影響を受けて、さまざまな困難がありました。実際に不登校やひきこもりから立ち直ろうとしている生徒たちが、どのようにコロナの影響を受けたか、例を挙げて見ていきたいと思います。

【リョウタくん】（高1の10月から不登校になり、翌年6月まで半年以上自室にひきこもる。途中、3月に両親から相談があったものの、コロナの影響で復帰が遅れる）

リョウタくんは一人っ子で、厳しい両親のもとで育ち、受験して国立大学の附属小学校に入学しました。両親は共働きで忙しく、小さい頃から、ゆっくり親と遊んだ記憶はほとんどないといいます。リョウタくんが覚えているのは、小学校低学年の頃、お母さんに怒られたときのことです。お母さんが怒っていることについて、自分の意見を言おうとすると、屁理《へり》屈《くつ》だ、と言われて話を聞いてくれません。さらに、昔の関係ない話まで持ち出してきてお母さんの怒りはエスカレートしていきます。こうしたことを繰り返すうちに、お母さんのことが嫌いになったといいます。

小学校5年生くらいのときのことです。お母さんが仕事でいないので、お父さんと2人で夕飯を食べることになりました。お父さんが焼肉を食べに行こうと言いましたが、リョウタくんは家でゆっくりしたかったので、外食じゃなくて家で食べたい、と言ったのです。すると、お父さんが烈火《れっか》のごとく怒り出したといいます。別にお父さんが作らなくても、出前でもいいのに、なぜそれだけのことでそんなに怒るのか、理解できなかったといいます。とにかく機嫌を損ねると怒ってくるので、あまり話さないようになってしまいました。

それから、自分を信用してもらえないことも悲しかったといいます。小学校のときはラグビースクールに入っていましたが、リョウタくんが足をくじいてしまったから練習に出られないと訴えても、「そんなわけない、どうせ仮病でしょう」と、信じてくれず、無理矢理練習に参加させられたといいます。

中学受験のために塾に通っていたときも、いつもお父さんが塾の前まで送ってきて、中に入るまで見張っているのです。確かに、塾をさぼったこともありました。でも、「今日は行く」と言っているのに、信じてもらえない。嘘はつかないのに、疑われるのが悲しかったのです。

中学受験で進学校に入学したものの、高校1年になってから、だんだん授業についていけなくなってきました。勉強ができないことに対してプレッシャーを感じ、精神的に疲れて、帰宅後すぐに夕方から寝てしまいます。すると夜中に起きてしまって、今度は寝付けなくなり、だんだん就寝時間がバラバラになってきました。すると、朝起きられなくなって、週に1~2回欠席するようになりました。10月以降は面倒くさくなって、全く行かなくなったといいます。

お母さんからは何度も「時間を守らないとダメ、宿題をやらないのはダメ」などと言われ続けて、リョウタくんは、「自分はダメな人間」と言われているように感じるようになってしまいました。リョウタくんはお母さんを無視することにして、それからお母さんの手料理は食べていません。お父さんは学校に行かないことにキレて、殴ってきたこともありました。げんこつで殴られたり、頬を平手打ちされたりしました。リョウタくんはやり返したこともあったといいます。

こうして10月から自室にひきこもるようになりました。親が寝静まってから起きて、台所にあるカップ麺を1日1個食べ、後は野菜ジュースだけで過ごしていたといいます。のちにスタッフの根本が最初のアウトリーチ支援（訪問支援）をしたときは、ガリガリに痩せていました。

ひきこもっているうちに、新型コロナウイルスが流行し、学校は休校になりました。休校になる以前から出席日数が足りていないので、リョウタくんは留年が決定しました。

お父さんお母さんが杉浦の前著『不登校・ひきこもりの9割は治せる』を読んで、高卒支援会に相談がありました。2020年3月のことです。

ご両親とも社会で活躍されている素晴らしい方です。子どもに対する愛情があるからこそ、厳しくしつけようとしたのでしょうが、その愛情がきちんと子どもに伝わっていません。親子の間に起こったことも、親と子どもでは受け止め方、認識が違っている場合がほとんどです。親の真意は伝わっておらず、子どもは全く違う認識で受け止めているのです。

また、高学歴の親に多いのが、「子どもがいい大学に行くのは当然で、そのために、いい高校、いい中学に行くのも当然」という意識で育てているケースです。私たちは、こういった育て方を、「条件付きの愛情」と考えています。そうではなく、ありのままの子どもを丸ごと受け止める愛情が必要なのです。子どもは親の分身ではありません。性格も学力も違うのです。「私の子どもだから○○なはず」という思い込みを捨て、ありのままを受け止めることが必要なのです。

リョウタくんのご両親から相談を受けて、本来ならすぐにでもアウトリーチ支援の訪問を開始するところなのですが、コロナで全国の学校が休校になっています。高卒支援会だけ教室を開けたり、業務を行ったりすることはできません。3月に訪問を開始したかったのですが、実際に行けたのは、緊急事態宣言が明けた後の5月末になってしまいました。ひきこもっていた時期がそれだけ延びてしまったのです。ひきこもっている状態にある家では、親も子もピリピリして、どちらも非常に辛い精神状態です。その期間が長くなってしまった。コロナが大きな影響を与えたといえます。

このリョウタくんの例のように、コロナは、ひきこもりの状態にある子どもたちが復帰できるまでの時間を引き延ばしてしまっています。ひきこもっている期間が短ければ短いほど、復帰できる時期も、復帰にかかる時間も早くなるからです。

結局、6月に訪問してから登校できたのは、7月に6回、8月に1回、9月に7回、10月に4回、とあまり順調にいかなかったのですが、11月には15回と劇的に増えます。しかし、もし、もっと早く訪問できていれば、復帰するまでにかかる時間も短くなり、復帰する時期も早くなったはずです。

立ち直りかけた生徒も再びひきこもりに

コロナが立ち直りかけた生徒を、再びひきこもりに戻してしまうこともありました。実際にあったシュンくんの例です。

【シュンくん】（高1の6月から不登校になり、4カ月ひきこもる。高卒支援会のアウトリーチ支援を受けて、教室に通い始めたが、コロナの休校の影響により、昼夜逆転の生活が戻らず、復帰に時間がかかっている）

シュンくんは、地方の国立大学附属中学校に通っていましたが、高校に進学するタイミングでお父さんが転勤になり、それに伴って、首都圏の進学校に入学することになりました。

高校に入って驚いたのは、スクールカーストがあったことです。

スクールカーストとは、学校内で自然発生する階級のようなものです。「陽キャ」と呼ばれる、明るくスポーツも勉強もできて、顔も良く、オシャレなタイプが上位に君臨し、下位には「陰キャ」と呼ばれる、運動が得意ではなく、オタクの趣味を持ち、顔も良くなかったり、太っていたりするタイプがいます。こういったヒエラルキー構造がいじめの構造になるとも指摘されていますが、シュンくんの学校では、こういったスクールカーストがあからさまに存在していたといいます。

シュンくんは一番上のグループに所属していましたが、本当はアニメやマンガ、ライトノベル（10代を対象にした気軽に読める小説。くだけた会話の多用や、アニメ風の挿絵が特徴）が好きでした。でも、それを友達に言える雰囲気ではありません。変な印象を与えて友達から距離を置かれるようになるのが嫌で、無理をして周りに合わせ、下のカーストのクラスメイトをバカにするのにも話を合わせていました。

しかし、友達が下のカーストのクラスメイトをいじめ始めて、我慢ができなくなりました。それは違うだろうと思い、ついていけなくなって、シュンくんは学校に行くのをやめてしまいました。6月のことです。それから4カ月、自室にこもりました。

起きるのは夜中で、ライトノベルを読んで過ごし、朝になったら、ゲームを昼過ぎまでやり続けます。ゲームをその時間にやるのは、学校の友達と時間が合わないようにするためです。今はオンラインで友達がゲームをやっているかどうかが分かるので、友達が学校に行っている間にだけ、ゲームをしていたといいます。後は1日12〜13時間寝て過ごしていました。お父さんお母さんとはほとんど会話もしませんでした。

お父さんお母さんは、この状況にすぐに行動に移しました。学校に行かなくなって1カ月後の7月に杉浦の前著を読んで、高卒支援会に電話相談しています。

その後、シュンくんの在籍していたクラスの担任の先生が家庭訪問をしたり、友達からSNSで連絡がきたりして、復学できる方法はないか探していましたが、10月には、欠席日数が60日を超え、留年するのかどうか、進路も話し合わなくてはならない状況になっていました。

そこで、10月4日、スタッフの根本が最初のアウトリーチ支援で訪問しました。この頃、食事は1日1回、お風呂は週1回、外出はライトノベルを買いに行くときだけ出かけ、あとはずっと部屋にこもっている状態でした。

直前にお母さんから根本が訪問に来ることを聞いたシュンくんは、「今は話すときじゃない、進路について今話すのは嫌だ」と、家から逃げ出そうとします。しかし、お腹が痛くなって、ベッドで布団《ふとん》をかぶり、出られなくなってしまいました。根本がベッドのそばで15分ほど待ったところ、気配を感じて、起き上がります。来てもらったのだから話をしなければならないと感じたようでした。このときのシュンくんは、挙動不審でおどおどしている印象でした。根本と視線も合わせてくれません。

根本が「そろそろやることなくなってきたでしょう」と声をかけると、シュンくんは「……はい、そうですね。でも、学校に戻るつもりはありません。いつかは大学受験するつもりです。でもまだ今はやらない。そのうちやる気が出たら勉強します」と話しました。この後は、アニメの話やライトノベルの話をして、コミュニケーションを深め、最終的には、目標を一緒に設定していこう、ということになりました。

3週間後の10月24日には、2回目の訪問をしました。前回は部屋がぐちゃぐちゃに散らかっていましたが、今回はきれいに整理整頓されていました。これはいい兆候です。

根本は進路の話をして、通信制高校への転入をすすめました。自分で計画的に勉強して高卒認定試験を受けるのは、自分自身の管理ができる子でないと難しいので、通信制高校に在籍して、サポート校として高卒支援会に毎日通いながら勉強することで、学力をつけつつ、卒業後も毎日大学や職場に行けるように、生活リズムを整えていこうと説得しました。

シュンくんは「1日中寝てばかりの生活にも飽きたから、どこか決めてくれれば行けそうな気がします」と納得してくれました。ただ、プライドが高く、「大学は行く。周りを見返したい」と話します。サポート校に通うのも、「周りがバカだと嫌だ」と最初は難色を示していました。そこで、高卒支援会の場合は、中学受験を経験した進学校出身者が多いことを話すと、数日後に体験授業に行くことを決めてくれました。

10月28日の最初の体験授業のとき、シュンくんは、私（竹村）が話しかけても、親指を立てて「グッド」と示したり、うなずいたりするジェスチャーだけで、一言も言葉を発しませんでした。根本が声をかけたときしか答えないのです。

その後、通信制高校に転入して、サポート校として高卒支援会に通うことになりましたが、しばらくそのような状態が続きました。

当会では生徒の交流を促し、生徒自身が企画を立ててやり遂げる経験をさせるために、イベントを毎月行っています。11月の海釣りイベントのときも、シュンくんはその状態のままでした。釣り船の上でも、ずっとｉＰａｄをいじっていて、みんなと話をしようとしません。のちに、シュンくんは「仲良くなるのが怖かった。しばらく人と話していないから、どう話していいかも、分からなかった。友達は作らなくていいと思っていた」と話しています。

シュンくんがみんなと仲良くなったきっかけは、12月の球技大会でした。バスケットボール大会を行ったのですが、急に積極的にプレーし始めたのです。それを見た同じ高校1年生だったタクヤくんが面白がって、シュンくんを話題にして、盛り上がりました。すっかりみんなの笑いをとって、なじみ始めたように見えました。その後、12月、1月、2月と徐々に登校できるようになってきたのです。

しかし、そこでコロナによる全国一斉の休校要請が出ました。当会でも教室を開けるわけにはいきません。そのまま春休みに突入すると、シュンくんはせっかく登校できるようになってきたのに、また、ひきこもりのときと似た状況に戻ってしまったのです。

4月7日の緊急事態宣言が発令される前日の4月6日には、生徒たちにオンラインか対面かを選んで登校してもらい、オンライン授業の説明をして、翌7日からすぐにオンライン授業を始めました。しかし、オンラインということもあり、なかなかシュンくんは参加してくれません。2月までは順調に登校日数を増やしてきたのに、コロナの影響で、また、ひきこもりと似たような状況になってしまったのです。教室を再開した5月下旬以降も、あまり来られない状況が続いてしまいました。スタッフが何度も電話したりして登校を促しましたが、「夜眠れないから起きられない」など何かと理由をつけて来ない日が続いたのです。

もし、コロナがなかったら、シュンくんはそのまま順調に登校が増えていったでしょう。夏頃には毎日登校できた可能性もありました。しかし、コロナで社会全体に「ステイホームしなさい」というアナウンスがあり、それに甘えて、戻ってしまったのです。

シュンくんのように、立ち直ろうとした途中でコロナにあって、またひきこもりに戻ってしまったり、リョウタくんのように、アウトリーチ支援ができるまでに、通常以上の時間がかかり、その結果、より立ち直る時期が遅くなったり、時間がかかったりということが、おそらく日本全国で起きたと思います。また、第1章で例に挙げたユメさんのように、深刻なひきこもりや不登校になっていることに気づいていないケース、あるいは、気づいても相談に行かずにいて立ち直るきっかけを失ったケースもあるでしょう。コロナが不登校・ひきこもりをより深刻化し、不透明化してしまったのです。

リョウタくんとシュンくんがその後、どうやって立ち直っていったかは、10章で述べます。

第3章

立ち直る過程で起こった、コロナによる挫折

「はしごを外された」コロナショック

ここまで、コロナで不登校・ひきこもりが深刻化、不透明化している状況を見てきました。この章では、立ち直るステップの途中にあったのにコロナで急にはしごを外されてしまった、コロナによって挫折してしまった、というケースを引き続き見ていきましょう。

まずは、タクヤくんの例を紹介します。

【タクヤくん】（中1の5月から不登校になり、中2から高卒支援会にフリースクールとして通う。高校からは通信制高校に在籍しつつ、サポート校として高卒支援会に引き続き通い、高1の春にカナダ短期留学を経験。そこでパイロットになる夢を見つけて、勉強を頑張り始める。しかし、コロナで航空会社のほとんどが新規のパイロット職募集を停止、大学でも航空学科の募集停止があり、目標を失ってしまう）

タクヤくんは中学受験のために受験勉強をしていた小6の5月くらいから、受験勉強を言い訳に学校をときどき休み、不登校気味になっていきました。しばらくすると塾にも行かなくなって、塾を辞めたのですが、12月になって、「やっぱり受験する」と言って受験し、進学校に入学しました。タクヤくんは今では「もともと面倒くさがりなんで行かなかった」と軽く話しますが、お母さんは、「親からのプレッシャーに耐えられなくなったのだと思います」と話しています。

中学校に入って少しはのんびりできるかと思ったものの、入学直後から宿題が多く出て、小テストも頻繁《ひんぱん》にあったので、すぐにつまずいてしまいました。「竹取物語《たけとりものがたり》の暗記とか、何で覚えなきゃいけないのか、意味が見出せないものはやりたくないんです」と、タクヤくんは言います。漢字テストでは赤点をとって、毎日のように補習になりました。それが嫌で、ゴールデンウイーク明けから学校に行かなくなりました。

最初はお父さんがどうにか学校に行かせようと、タクヤくんを車に無理矢理押し込んで、送って行ったのですが、タクヤくんは後部座席にしがみつき、暴れて、絶対に車から出ようとしません。両親もどうすることもできず、あきらめてしまいました。こうして、タクヤくんは家にひきこもるようになりました。中１の5月から中２の10月まで、約１年半にわたってひきこもりが続いたのです。

高卒支援会に相談があったのは中２の10月です。学校の担任の先生の紹介で、当会に相談に来て、11月からはフリースクールとして通い始めました。その後、三者面談を行ったときのことです。タクヤくんはお母さんに、事前にお父さんは来ないかどうかを確認していました。お父さんが嫌いだったからです。しかし、お母さんは来ないと嘘をつきました。三者面談にお父さんが現れると、タクヤくんは猛烈に怒り、「うるせー、クソババア、死ね」と暴言を吐いて、教室を飛び出してしまいました。それから3カ月、一切来なくなりました。

そこで、私（竹村）と当時在籍していた高校生たち数人で、タクヤくんの自宅を訪ねることを何度も繰り返しました。タクヤくんは「最初はめんどくせぇ、だりぃな、と思ってたけど、リビングに竹村先生と先輩たちがずっといるので、だんだん慣れてきて、高卒支援会にまた行くようになりました」と話しています。

中学はその後全く行きませんでしたが、義務教育ですから、欠席日数がいくら多くても卒業できるので、卒業証書だけもらいました。高校は通信制高校に在籍し、サポート校として続けて高卒支援会に通うことにしました。

転機が訪れたのは、高1の5月です。高卒支援会の企画で、カナダに短期留学に行くことになりました。タクヤくんは特に行きたいというわけではなかったのですが、私がすすめたこともあり、行ってみることにしました。「旅行気分だった」とタクヤくんは言います。ここで、タクヤくんの運命を変える出来事があったのです。

９日間の日程で、３人の生徒が参加し、私が引率しました。ホームステイ先から毎日語学学校へ通ったのですが、タクヤくんはもともと洋楽や海外の映画が好きで、映画は字幕なしで観ることもあるので、リスニングもよくでき、順調に楽しめました。語学学校が終わった後のスケジュールがあいた日があったので、私はタクヤくんをブリティッシュコロンビア大学の見学に連れて行くことにしました。

初めて見る外国の大学に、タクヤくんはすっかり魅了されました。東京ドーム86個分という広大な敷地で、大学が一つの街のようになっています。スーパーや郵便局、マクドナルドなど何でもあります。バスが通り、校舎間を車で移動する規模です。「雰囲気が日本とは全く違っていました。学生たちの表情も日本よりも明るく、ここで勉強したら楽しいだろうなと、憧れの気持ちが出てきました」とタクヤくんは当時を振り返ります。

そして、現地の最終日、帰りの飛行機に乗り込む前に、留学のエージェントの方が、現地の人しか知らない飛行機が間近に見えるスポットに連れて行ってくれました。巨大なジェット機を目の前で見上げることのできる場所で、タクヤくんは息をのみ、ずっと無言で眺めていました。

タクヤくんはもともと乗り物が好きで、小さい頃は電車の運転手になりたかったくらいです。自転車も好きで、世界的に有名なフランスの自転車競技、ツールドフランスが行われるときは、時差があっても必ずテレビで現地からの生中継を見るくらいです。バイクの免許も高1で取っています。とにかく乗り物を運転するのが大好きなのです。私はタクヤくんに言いました。「タクヤさあ、パイロットになればいいじゃん」と。

「確かに」とタクヤくんは深くうなずきました。こうして、将来の目標が決まったのです。目標が明確に決まると、モチベーションも上がります。タクヤくんはすぐに自分でいろいろと調べてきました。アメリカの大学やカナダの大学も調べて、パイロットになりたい人のための留学説明会にも自分で参加しました。そしてカナダに1年間留学する計画を立てたのです。留学に向けて勉強も熱心にやるようになりました。通信制高校のレポートもしっかりやっていました。

しかし、そこでコロナに見舞われました。世界中で感染拡大している中で、留学の受け入れは中止になり、断念せざるをえませんでした。それでも日本の大学で航空学科のあるところを調べ、そこを受験しようと考えましたが、コロナで航空会社のほとんどが新規採用を中止したことが影響し、航空学科も募集を停止しました。

長い道のりを経て、やっと自分が本当にやりたい目標を見つけることができたのに、コロナによって、その道を閉ざされてしまったのです。

コロナによって目標を奪われてしまった例を挙げました。不登校になってから、立ち直ってくるまでの道のりが長かっただけに、私も非常に悔しい思いです。

こうなると、目標を修正するなど、新たに立ち直る方法を練り直さなくてはなりません。

タクヤくんがその後どうなったかは、11章で述べます。

失われたキャンパスライフ

そして、杉浦の前著『不登校・ひきこもりの9割は治せる』の中で書かれた、立ち直った生徒でさえも、また、コロナによって挫折してしまっています。

アツヤくん、コウタくんの例を挙げます。

【アツヤくん】（前著での経緯：父親の家系は代々東大出身で、小さい頃から旧帝大以上の大学に進学するように言われ、毎日のように習い事や塾に通わされた。中学受験をしたうえに、さらに高校受験をさせられ、難関進学校へ進学したが、学校に溶け込めず、勉強する気持ちがなくなり、高1の7月には全く学校へ行かなくなった。父親からの家庭内暴力もあったが、反抗して殴り返したこともあり、父親とは別居状態に。当会に来て、親は都立高の転入試験を受けさせようとしたが、アツヤくんはこれに反発し、願書を出さず、通信制高校に通うことになった。親はどうしても旧帝大にこだわったが、面談を重ねると、アツヤくんはデザイナーになりたいことが判明、スタッフのすすめで、ファッションが学べる大学の受験を目指すことになった。同時に当会の学生インターンとして働くことになると毎日登校するようになり、しっかり働くようになった。生徒たちからの信望も厚く、アウトリーチ支援でひきこもりの生徒の復帰に大きな役目を果たすなど大活躍し、自信をつけた)

前著では、ひきこもりだった中学生カイトくんのアウトリーチ支援で大活躍したアツヤくん。カイトくんを始め、たくさんの後輩たちに慕われ、すっかり立ち直りました。大学は好きなファッションを学ぼうと、服飾学科のある大学に入学しました。

しかし、大学2年になる春休みに、コロナ禍になってしまったのです。大学はオンライン授業がほとんどになり、興味が見出せません。次第にオンライン授業に出席しなくなってしまいました。単位を取れる見込みもありません。一方、同じ時期にファッションのアトリエで、フリーランスとして仕事を始めました。仕事は充実しているので、大学に行く意味が見えなくなってきたといいます。結局、2021年1月に退学を決意しました。

アツヤくんは、このままファッションのアトリエで仕事を続けていくといいます。お母さんや当会で話し合って、系列のファッションの専門学校に再入学して、学びながら働くことにしました。

一度立ち直っても、そのまま順調に行くとは限りません。アツヤくんはコロナの影響で大学を中退してしまいましたが、当会としては、アツヤくんの将来を見据えて、今後もフォローしていきます。

【コウタくん】（前著での経緯：お父さんと仲のいい友達親子のような関係で育ったコウタくん。中学生になってお父さんに反抗するようになると、お父さんに暴力を振るい、言うことを聞かなくなった。高校では学年1位を取るほど成績は良かったものの、第1志望ではなく、第2志望の高校だったため、入学後からモチベーションが低く、学校をさぼりがちだった。友達とケンカをしたのがきっかけで、高2から学校に行かなくなり、高2の9月に退学。

その後、当会で相談を重ねて、通信制高校卒業を目指しながら、大学受験に向けて勉強するようになった。さぼりぐせ、逃げぐせがあったが、イベントの幹事をさせたり、生活改善合宿に参加させたりして、改善し、受験勉強に励んだ）

前著では、生活改善合宿でさまざまな経験をし、知的障害者施設での交流で、弱い人たちや病気の人たちの力になれる人間を目指そうとして、勉強に励みました。

その後、1年間の浪人を経て、大学に進学できたのは良かったのですが、それと同時期に、最初の緊急事態宣言が発令されたのです。

入学式もコロナのために中止になり、5月の下旬からようやくオンライン授業がスタートしました。しかし、大学に行くこともできず、友達を作ることもできません。結局、この1年間で対面授業ができたのは1回だけでした。オンラインで学生たちと議論をすることもありましたが、そもそも一度も顔を合わせたことのない人の意見に反論したりすることなんてできません。結局議論は表面的なものに終わり、仲良くなることもありませんでした。コウタくんは孤独を感じて、精神的に参ってしまいました。せめてアルバイトをして、新しい環境で友達を作りたいと考えましたが、コロナで飲食店や小売り店は休業や時短営業を求められている状況で、アルバイトを採用できる状況ではなく、募集自体がありません。ようやく見つけたアルバイトに応募しても全て落ちてしまいました。すっかり落ち込んで鬱気味になってしまったのです。

そんな辛い状況で、助けを求めたかったのでしょう。私に電話がありました。状況を聞いて、すぐに、当会の大学生インターンをやらないかと声をかけました。現在、助成金部門と定時制高校の進学サポートをしてもらっています。しっかりと仕事をこなしてくれて、徐々に明るさを取り戻しています。

もし、コロナがなかったら、アツヤくんもコウタくんも、きちんと大学に通って、楽しいキャンパスライフを送れたのかもしれません。一度立ち直っても、コロナでまた挫折してしまうこともあるのです。コロナ禍にある今、ひきこもりや不登校の傾向があった生徒のフォローは、より重要になっています。

第4章

オンラインが救った不登校・ひきこもりの生徒たち

コロナがかえって良い影響を与えた例も

これまではコロナによる悪影響を見てきました。一方で、コロナによるメリットがあることも分かりました。コロナになってから日本でもオンラインによるリモートワークやリモート授業が定着してきましたが、リモートのほうが性に合って、立ち直りやすくなる場合もあります。

ユウキくんの例です。

【ユウキくん】（これまでの経緯：地元の公立小中学校を経て、高校受験で国立大学の附属高校に進学したが、小中と同じメンバーでずっと過ごしていたため、高校になじめず、高1の2学期が始まると徐々に学校に行けなくなった。9月下旬、お母さんがユウキくんを病院に連れていくと、自殺の恐れがあるとして、10月に入院。約1カ月後に退院したが、学校には行けないまま、ひきこもり生活を続けていた。進級できないため、留年して再度高校1年生として学校に行ったものの、数日しか通えずにまた不登校になってしまい、6月には退学した。当会に相談に来て、高校生インターンのアツヤくんが活躍する様子を見て衝撃を受け、アツヤくんのようになりたいと思い、当会に通うことを決めた。当会の提携する通信制高校サポート校に通うことも考えたが、学費がかかるため、断念し、高卒認定試験を受けることになった。ユウキくんも高校生インターンをしながら勉強し、秋には順調に高卒認定試験に合格したが、合格後は目的を失い、冬頃には再度ひきこもりがちになってしまった。この状況を打開しようと、当会の提案を受けて、4月に生活改善合宿に参加した。規則正しい生活をしたことで、身体的にも精神的にも元気を取り戻した。その後は当会の正社員スタッフとなり、通信制高校サポート校の授業料の無償化に取り組み、議会へ陳情活動をするなど、活躍した）

　前著で、都議会議員や区議会議員らを前に、堂々と陳情書を読み上げるなど、大活躍していたユウキくん。しかし、体力が続かず、結局正社員を辞めてしまったのです。もともと体力がなく、すぐに体調を崩すタイプだったユウキくんですから、毎日職場に通うのは難しいと判断したのでした。

　しかし、将来のためには大学卒業資格や専門的な知識があったほうがいいと考え、1年後には、通信制の大学で、ユウキくんの得意な情報システムを学べる学部に進学しました。大学進学と同時に、世の中がコロナ禍に襲われました。ステイホームが叫ばれ、仕事ではリモートワークが推奨されたのです。

当会でも当然、リモートワークを推進することにしました。そこで、再度ユウキくんに声をかけたのです。

当時、当会のホームページがウイルスに侵されてしまい、全て新しくしなければならない状態になっていました。ウェブ制作会社に依頼することも考えましたが、それなら、以前からウェブ制作の才能が高いと評価していたユウキくんに、ホームページの作成をお願いしようと声をかけたのです。

当会を辞めた後のユウキくんは、アルバイトや派遣の仕事を転々としていたといいます。体力がないので、なかなか続かないのです。

「竹村先生から電話をもらったときには、派遣の仕事を辞めた直後だったので、収入がなくなって困っていたところでした。しかも、自分の得意分野を生かせる仕事で、リモートワークでやらせてもらえる。本当にありがたかったです」とユウキくんは話しています。

こうして、ユウキくんは当会のホームページなどのウェブ管理を担当することになりました。リモートワークを活用するので、通勤時間がなく、体力的負担が少なくなりました。働き方がユウキくんに合っていますから、今度は長く続けられます。ユウキくんはもともとパソコンでデザインする才能がありますから、新しく作ってくれたホームページも見やすくなったと好評です。さらに、その出来が評価されて、外部から仕事を発注されるようになりました。始めてから半年で、ホームページ制作を４件、動画編集を12件受注しています。仕事が順調に発注される見込みになって、ユウキくんは会社を設立することになりました。今や若きＩＴ社長です。当会の後輩たちにもプログラミングの指導をしてくれています。

ユウキくんは、「僕みたいに家で仕事をやったほうが性に合っているという人は、現代にはたくさんいると思います。コロナになったことで、時代が僕たちに合ってきたのかなと感じています。僕はコミュニケーションをとるのが苦手なので、仕事上で必要なコミュニケーションも、メールのほうがやりやすいのです。今はとても働きやすいと感じています」

このようにユウキくんの才能が開花するには、リモートという状況のほうが合っていたのです。コロナだからこそ、立ち直りが促進される場合、才能が開花する場合もあるのです。

不登校・ひきこもりとオンラインの好相性

不登校やひきこもり傾向にある生徒たちとオンラインが好相性であるということは、以前から感じていました。

体力的にも外出するのが大変なわけですから、自分の部屋からオンラインでコミュニティにつながることができれば、無理なくこなせます。そのコミュニティが、かつてはオンラインゲームだったり、SNSだったりしたわけですが、それがコロナで、学校や職場にまで広がったのです。

当会では以前からeスポーツ部の部活があり、生徒たちは自宅からオンラインで参加していました。Discordというゲームに特化したチャットアプリを使用していたので、ほとんどの生徒がオンラインで会話するのに慣れていたのです。

2020年4月に緊急事態宣言が発令されたときも、その土台がありましたから、宣言の翌日からオンライン授業を始めることができました。国内では最速でオンライン授業へ対応できた教育機関の一つだと思っています。その後はグーグル社のMeetを使ったり、マイ

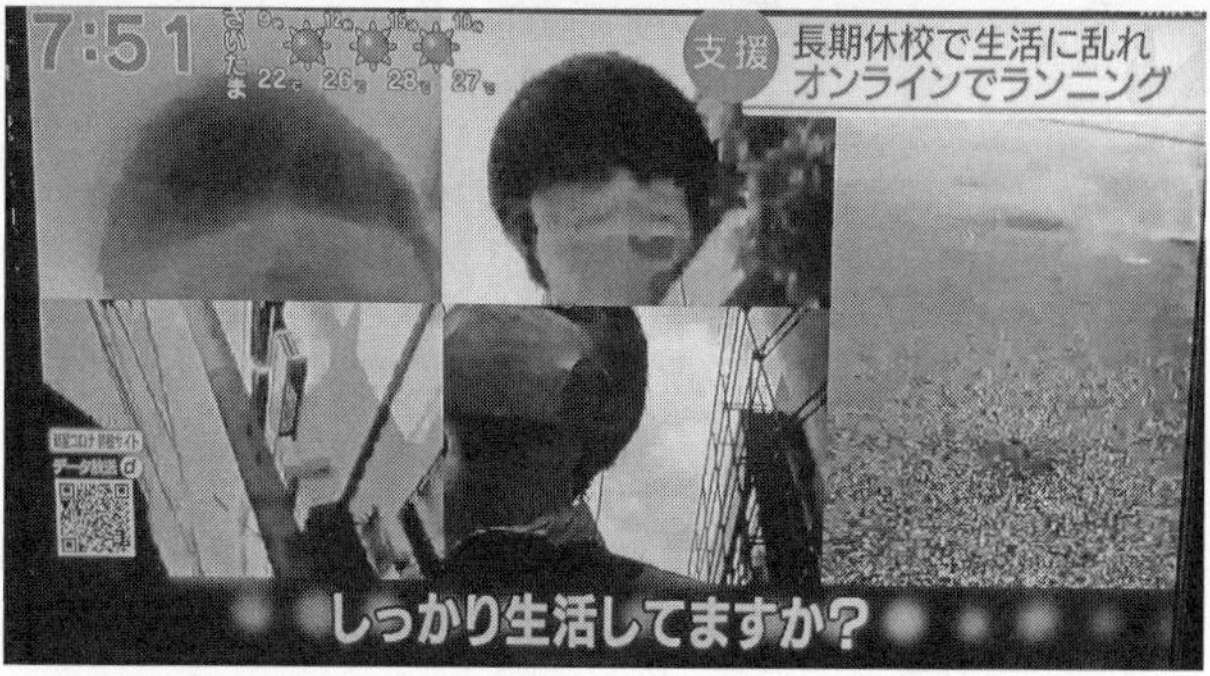

クロソフト社のTeamsを使ったり、試行錯誤を重ねました。現在は対面授業をしていますが、遠方にいる先生の授業をTeamsで受けるなど、オンライン授業を現在も併用して活用しています。

　1回目の緊急事態宣言でオンライン授業を始めてから、新しい発見もありました。教室では全然しゃべらない生徒がオンラインだと手を挙げて発言したり、チャットで発言したりするのです。オンラインのほうが積極的に授業に参加できる生徒もいるのです。教えるほうにとっても、生徒の理解につながりました。

また、オンラインでパソコンの前にずっといるのでは、体がなまってしまうので、当会ではオンラインでジョギングを行いました。それぞれの生徒が自分の家の近所を走るのですが、オンラインでつながって、みんなで声を掛け合いながら走るのです。

会長の杉浦が自宅の周りをジョギングしながら、スマホを通して生徒に声をかける様子は、NHKでも放送されました（2020年5月29日放送『首都圏ネットワーク』、2020年6月8日放送『おはよう日本』）。

このオンラインジョギングも、毎日参加する生徒と、たまにしか参加しない生徒がいますが、あまり教室でしゃべらない生徒が、これには毎日参加できたりするのです。

オンライン授業が単位取得を促進する

大学でもオンライン授業だったからこそ、スムーズに単位を取得できたケースもあります。コウキくんの例です。

【コウキくん】（中学受験をして進学校に入学したが、体調不良で高1から休みがちになる。高3で通信制高校に転入して卒業し、現役で大学に進学したが、体調不良が改善せず、朝起きられなくて6月からは一切大学に行けなくなる。結局退学したが、2年後に再入学したところ、コロナとなり、オンライン授業のため、1年次の単位を全て取得できた）

コウキくんは中学受験で中高一貫の進学校に入学しました。中学の頃は運動部に所属し、成績も上位で、何も問題がなかったといいます。ただ、子どもの頃からすぐにお腹を壊したり、熱を出したりする子でした。中学生になってからは、少しは丈夫になってきたと、コウキくんもお母さんも思い込んでいたのです。しかし、高1の秋からまた、よく体調を崩すようになりました。休みが増えて、高2では出席日数が足りず、高3に進級できないことになり、通信制高校に転入しました。大学受験をして、現役で合格し、大学に通うことになりましたが、大学までは自宅から2時間弱かかります。コウキくんが卒業した通信制高校では家でレポートをやるのがメインで、スクーリングで登校するのは週に1日しかありません（※注）。毎日登校することに慣れておらず、体力もついていないのです。当然、大学が始まってからも、毎日行けるわけがありません。4月のうちはなんとか頑張って行っていましたが、

5月の連休明けからは休みがちになり、6月には全く行けなくなりました。前期のテストも受けていないので、単位が取れる見込みもありません。コウキくんは退学を決意しました。

1年半の病気療養をした後、コウキくんは同じ大学の中退者向けの再入学試験を受けて、合格し、再度大学1年生になりました。すると、今度はコロナです。以前受けていた必修授業も、今度はオンラインです。結局全ての授業がオンラインで、一度も大学で対面授業を受けることはありませんでした。しかし、コウキくんには、それが合っていたのです。2回目の1年次では全ての単位を取得でき、しかも、「秀」と「優」ばかりがずらりと並ぶほど成績も優秀で（コウキくんの大学は、秀・優・良・可・不可の5段階評価）、今度は無事に2年生に進級できました。

大学の2021年度の授業は、対面とオンラインのハイブリッドの予定でしたが、4月当初は大学での授業が再開したものの、4月下旬から3度目の緊急事態宣言、7月から4度目の緊急事態宣言と断続的に宣言が続くのと同時に、授業もオンラインが続いています。オンラインから対面に戻ったとしても、コウキくんは無理せずに両方をあわせて授業を受けていけそうだと話しています。

３割の生徒はオンラインのほうが合っている

コロナで世の中が劇的に変わりました。ニューノーマルの時代です。しかし、教育はオールドエコノミーの時代のままで、ほとんど変わっていません。ニューノーマル時代にはコウキくんのように対面授業よりオンライン授業のほうが合っている子もいるでしょう。杉浦は、長年指導してきた経験から、３割くらいの生徒はオンラインのほうが合っているのではないかと言います。また、そういった新しい教育に変えていかないと、新しい人材が出てくる可能性をつぶしてしまうことにもなりかねません。

今は時代の大きな変革期なのです。パンデミックを世界が経験し、パリ協定に則《のっと》って気候変動にも真剣に対応しなければなりません。経済のあり方、働き方だけでなく、教育の方法も、今までと違う新しい形になってくるでしょう。そしてそれは、不登校やひきこもりの子たちが勉強しやすい方法になっていくでしょう。時代が不登校やひきこもりの子どもたちに追い付いてきていると感じています。

「学校に行かなくてもいい」だけだと間違い

最近話題になっている、中学生ユーチューバーの「少年革命家ゆたぼん」は、9歳から不登校になり、小学校に続いて中学校も行かないという選択をしています。ユーチューブ上で、「不登校は不幸じゃない」「学校に行けと押し付けるのはおかしい、学校には行かなくていい」などと発言して、賛否両論がネット上で巻き起こっています。

学校に行く意味がない、行かなくてもいい、それも押し付けの意見です。不登校であっても本当は登校したいという子もいるでしょう。私たち高卒支援会は、本人が自分の意志で通うことを推奨しています。だから、「学校に行かなくていい」というのは間違いで、「学校に行っても行かなくてもいい」と考えています。規則正しい生活をして、自信を持ち自律して、社会に貢献できるようになれば、いいのです。そのためには、学校に行くかどうかを周りが決めるのではなく、自分で決めることが大切です。

ただ、同世代と触れ合うことは、とても大事です。ある論文によると、学校に行くことにより、ＩＱや非認知能力が上昇するという研究結果が出ているそうです。

ゆたぼんは大人と交流したりしているから大丈夫というかもしれませんが、大人と中学生の年齢では、まず関係性が対等になっていません。例えば、中学生の子が大人に対して敬語を使わなくても、「まあ、子どもだからしょうがないか」と、大人はわざわざ怒りませんし、適当にあしらってしまうでしょう。しかし、同年代ならそういうわけにはいきません。中学生の部活などで、後輩が先輩に敬語を使わなかったらどうなるか、おわかりでしょう。先輩が怖くて敬語を使うとか、そういった同世代の中でのせめぎ合いがあるからこそ、IQや非認知能力も上がって、社会で生きていけるようになるのです。必ずしも学校である必要はありませんが、同級生や同世代と触れ合うコミュニティが大事なのです。

新しいスタンダードとは

また、現実的に将来生きていくためには、少なくとも高卒の資格は必要です。そうでなければ通常はアルバイトの採用さえもしてもらえません。ですから、高卒認定試験を受験してから進学を目指すことや、通信制高校を卒業することをすすめています。学校に行かなくてもいいので、フリースクールや通信制高校など、同世代と一緒に教育を受けるコミュニティが必要なのではないかと思っています。

また、囲碁将棋やスポーツ、芸能など、さまざまな才能がある子どももいるでしょう。そういった可能性が学校に行かなくてはならないことでつぶされないようにするべきでしょう。不登校やひきこもりの子にも、さまざまな可能性を持つ子が多いのです。そういった可能性を生かせる新しい形の教育にしていく必要があります。

時代は変わりつつあります。中学受験でも、小3の冬から塾通いを始めて、ハイスピードで長時間の授業を受け、途中でお弁当を食べて、また夜遅くまで授業、場合によってはその後も自習室で勉強、という方法がスタンダードでした。通塾日数も小6になると、月曜から日曜まで毎日ということも珍しくありません。しかし、2019年に登場した花まる学習会グループの新しい中学受験塾「シグマTECH」では、小6でも週2日の通塾で、夕飯を家で食べて志望校に合格するというコンセプトです。このやり方で、難関校に多数合格したといいます。

学校も塾も、新しいやり方にシフトすべき時代が来ているのかもしれません。

※コウキくんの在籍していた通信制高校は、高卒支援会とは提携関係のないところです。当会では、不登校やひきこもりの場合、規則正しい生活を第一に考えるので、サポート校に週1日しか通わないということはしていません。規則正しい生活リズムを整え、卒業後に大学や職場などに毎日きちんと行けるようにするために、毎日通うことを目標としています。

第5章
コロナ禍における教育支援センターの問題点

スクールカウンセラーだけでは足りない支援

これまで、コロナ禍において、不登校やひきこもりの現場がどのように影響を受けたのか、竹村の解説とともに実例を挙げて見てきました。

ここからは、私、杉浦がそれをどう解決するべきかについて、考えていきたいと思います。

子どもが不登校やひきこもりになった場合、最初は、子どもの在籍校のスクールカウンセラーに相談する場合が多いと思います。しかし、スクールカウンセラーは外部委託になっていることが多く、相談しても、学校内の事情に精通していないので、単に話を聞くだけになってしまっていることがほとんどです。

例えば「○○先生がこう言ったから、クラスに行きづらくなった」などと相談した場合でも、事情をよく知る校内の先生なら、「ああ、○○先生はこういうところがあるよね」と相づちをうってあげることもできますが、外部委託なので、共感してあげることもできません。ほとんどの場合、保護者が相談するばかりで、肝心の生徒の心には全く響いていないのです。

スクールカウンセラーの先生たちのご努力、ご苦労は重々承知していて、否定するつもりは全くないのですが、「親がカウンセラーの先生と仲良くなったのはいいけど、結局、子どもは登校できていない」「相談しても、結局私（子ども）にとって分かっていることをなぞるだけで、何も解決にならない」と訴えて当会に相談に来るケースがとても多いのです。

「はじめに」でも紹介しましたが、「令和2年度児童生徒の問題行動・不登校等生徒指導上の諸課題に関する調査について」（文部科学省、令和3年10月13日発表）によると、小中学校の不登校児童生徒数は、19万6127人いますが、このうち、スクールカウンセラーに相談・指導などを受けたのは36・9％となっています。しかし、スクールカウンセラーを含む指導の結果、登校できるようになった生徒は、28・0％の5万4884人しかいません。残りの72・0％にあたる14万1243人は登校できないまま、指導を継続しています。

機能しない自治体の教育支援センター

こうした場合、学校が紹介するのが、各自治体の教育委員会が設置している教育支援センター（適応指導教室）です。

学校に行けなくても、ここに通えば、出席扱いにしてもらうことができるようになっています。少人数での集団生活に慣らしながら、在籍校へ復帰できるよう指導する場で、不登校の子どものための居場所作りにもなっています。公的フリースクールともいえます。

本来なら国立・公立・私立の区別なく誰でも利用できることになっていますが、私立の場合だと利用を断られたりするケースがあったり、最初から「公立小中学校の生徒のための不登校相談」などと銘《めい》打っている場合もあります。これは問題だと思っています。

同調査でも、教育支援センター（適応指導教室）を利用した生徒と、教育支援センター所管の機関を利用した生徒を合わせると、国立で12・9％、公立で19・3％、私立で4・9％と、特に私立の生徒の利用が少なくなっています。国立・公立・私立を合計しても、全体の18・9％しか利用できていません。

実際に当会が調べた例の一つが、新宿区の教育支援センターが運営する適応指導教室「つくし教室」です。平成26年度に新宿区内で確認された不登校の児童生徒数は101人となっていて、令和2年度のデータはまだ公表されていませんが、現在も同様に年間100人はいると考えられます。しかし、問い合わせたところ、2021年度現在の在籍数は約10人ということでした。100人いると推定すると、10％しか在籍していません。しかも、実際に毎日通えているのは3～4人しかいないということでした。一度でも相談すれば1人としてカウントされるので、公的なフリースクールに通えている割合は、わずか3～4％しかないのです。

当会が調べたもう一つの例が世田谷区です。世田谷区では教育支援センターが民間委託した適応指導教室「ほっとスクール『希望丘』」が区内で3カ所、運営されています。世田谷区の小中学生の不登校児童生徒数は、2014年では約500人でしたが、2019年には約800人と1・6倍に増加しています。そのうち、「ほっとスクール『希望丘』」に在籍している児童生徒数は200人で、25％にとどまっています。しかし、通所できているのはおよそ80人しかいないということでした。全体の10％しか通えていないのです。

渋谷区でも調べました。渋谷区では教育センターの設置する小中学生対象の相談指導教室に、「けやき教室」があります。廃校になった校舎を利用して、不登校の生徒が在籍校に復帰するのを支援する教室です。渋谷区内の不登校の小学生は63人、中学生は116人（令和元年度調べ）となっているので、現在も同じくらいの人数がいると推測されますが、けやき教室に在籍しているのは、小学生3人、中学生17人しかいません。さらに、毎日通えているのは、中学生2人だけだということです（令和3年1月現在）。

新宿区も世田谷区も渋谷区もこのような状況では、公的なフリースクールはほとんど機能していないといっていい状態だと思います。前出の調査の数字からいっても、全国的にもほぼ同じような状態だと思われます。

もう一つの問題点は、教育支援センターが、小中学生だけを対象としている点です。中学卒業後の生徒は、義務教育ではないので、公的にはどこにも行く場所がないのです。中学まで不登校で、卒業後そのままひきこもりになってしまっている子ども、高校に進学してから不登校・高校中退となり、ひきこもり状態になった子ども、こうした子どもたちは、公的には何も支援がないことになってしまっています。

自治体の若者支援事業がうまくいかない理由

こうした指摘を受けて、自治体によっては、若者支援を打ち出すところも出てきました。

渋谷区では、教育センターの事業の一つに、「若者サポート事業」があります。

前出のけやき教室を使用しない土曜日に、15歳から18歳までの区内在住・在学の若者を支援しようというものです。けやき教室の卒業生や、高校の不登校生徒などに対して、学習、就学・就労の相談、仲間作りを行っています。

しかし、これもコロナ禍で利用が激減しています。

２０１６年度では若者サポート事業の個別相談人数は、４４４人でしたが、２０２０年度は85人と5分の１に減っています。

「土曜ホットスペース」という、同年代の子と話したり、友達が欲しいという子が集まる活動も、実施回数が２０１６年の48回から２０２０年度は26回と約半分になり、利用人数も18人から11人と減っています。新型コロナウイルスによる一斉休校で3カ月、緊急事態宣言のために3カ月の合計6カ月休止したことが影響しています。

小中学生対象の教育支援センターにしても、高校生・高校生相当の若者対象の事業にしても、公的なサポートはうまくいっていない状況がお分かりいただけたと思います。そして、コロナ禍にあって、より一層状況が悪化しているのです。

教育支援センターの公的な支援がうまくいかないのは、なぜでしょうか。

それはアウトリーチ支援が進んでいないからです。多くの場合、教育支援センターは、定年退職をした元校長や元教頭などが指導していて、不登校・ひきこもりの専門家ではありません。そして、場所を用意して、ただ待っているだけでは、ゲーム、ネットなどを一日中やって昼夜逆転している不登校・ひきこもりの生徒が来るわけがありません。

アウトリーチ支援という提案

そこで提案するのが、私たち、不登校・ひきこもりの専門スタッフのノウハウを結集した方法、「アウトリーチ支援」です。私（杉浦）の36年以上にわたる経験から生まれた不登校・ひきこもりを直す方法を、教育支援センターでもぜひ活用してほしいのです。

アウトリーチ支援とは、不登校・ひきこもりの生徒が閉じこもっている部屋にこちらから出向き、時間をかけてコミュニケーションを重ねて信頼関係を築き、徐々に生徒を家の外に出し、学校やフリースクールなどに登校できるように促す支援方法です。

不登校・ひきこもりの生徒は繊細で、大人に心を閉ざしていますから、最初は会話することさえ非常に難しいのが普通です。場合によっては、暴力などを受ける場合もあるかもしれません。そのあたりの見極めは、経験のあるスタッフでないと分からないのです。

そこで当会では、専門スタッフと学生インターンのタッグによる訪問で、徐々に心を開いていく方法をとっています。

図表4　高卒支援会のアウトリーチ支援実績の推移

年度	相談件数	成功件数	成功率
2017	9	8	89%
2018	7	6	85%
2019	16	14	87%
2020	7	5	71%
2021（10月まで）	2	2	100%
計	41	35	85%

当会でのアウトリーチ支援は、2017年から2021年10月までの約4年半で、41件中35件成功していて、成功率約9割と高い実績を出しています。どのような方法か、そのノウハウを次の6章で全公開します。

ところで、教育支援センターの公的な支援は、あくまでも在籍校（小学校・中学校）に戻すことを目的としています。義務教育以降の場合は、そこに通っても、就労・就学の相談などはできますが、高卒資格を取得することはできません。

現代の社会では、高卒資格を取得しなければ、アルバイトでさえ見つけるのも大変です。ですから私たちは高卒資格を得ることを目標にしたフリースクール、つまり通信制高校と連携した通信制高校サポート校の立場をとっています。通信制高校に提出するレポートの指導をしながら、毎日通う練習をするのです。

なぜ高卒資格にこだわるかといえば、それが生徒の将来の可能性を大きく広げるからです。高卒資格があれば、大学進学もできますし、就職でも中卒より有利になります。高卒対象の公務員試験など、各種資格を取得するようにお手伝いもしています。また、就職・進学できても、毎日通うことができなければいけないので、規則正しい生活習慣を身に付けることを大事にしています。こういった活動が、公的なフリースクールとの違いです。民間のフリースクールである高卒支援会では、生徒の将来のあらゆる可能性を考えて、さまざまな講座を用意し、将来を見据えた活動をしています。

民間フリースクールへの支援・連携を

また、税金の使い方としての問題もあると思っています。

無償で利用できる公的フリースクールである教育支援センターには、多額の予算が投入されています。世田谷区の例で見ると、教育支援センターの予算は年間約８９００万円です。それなのに、通所できている生徒は先ほど指摘した通り、約80人しかいません。すると１人の生徒に年間１００万円かかることになります。

教育支援センターの利用実態は前述の通りですから、巨額の税金を生かし切れていない、しっかり稼働できていない、としかいいようがありません。

一方、民間フリースクールの在籍者は７０１１人です（「小・中学校に通っていない義務教育段階の子供が通う民間の団体・施設に関する調査」２０１５年8月5日 文部科学省）。民間のフリースクールの場合、不登校・高校中退・ひきこもりの専門家が運営している場合がほとんどです。さまざまな経験やノウハウがありますから、不登校・高校中退・ひきこもりの生徒が通いやすい環境が整えられているのです。

しかし、民間のフリースクールの平均費用は、１人あたり1カ月、約３万３千円（同調べ）、年間にしても約40万円です。

これは家庭によっては大きな負担です。しかし、日本の未来を担う子どもを生涯にわたってひきこもりのままにさせておくのか、40万円の支援で高卒資格を取得してもらい、きちんと働けるような若者に育てるか――どちらが良いのかは考えるまでもないと思います。民間フリースクールに通うための行政の支援が必要なのです。少しでも不登校・ひきこもりの子どもを持つ家庭の負担を少なくしてもらいたいと思っています。

公的な支援も必要ですが、このような民間フリースクールへ通う支援や、教育支援センターと民間フリースクールの連携も、行政の視野に入れてほしいと思っています。

教育支援センターの稼働がうまくいっていない状況は述べた通りですが、それでも、まだ各地の教育支援センターは、箱物（適応指導教室に使う建物など）を作ろうとしています。ハードばかり立派にしても、生徒が来なければ意味がありません。ですから、ソフトの強化、つまり、アウトリーチ支援をぜひ取り入れてほしいのです。もちろん、当会のやり方だけが全てというわけではありません。6章で紹介するアウトリーチ支援の方法を参考にしてもらい、民間の教育機関や企業、自治体などさまざまな機関と連携する柔軟なやり方で、一人でも多くの子を救ってほしいと思っています。

第6章

アウトリーチ支援　ステップ0《ゼロ》

図表5　ひきこもりアウトリーチ支援の流れ

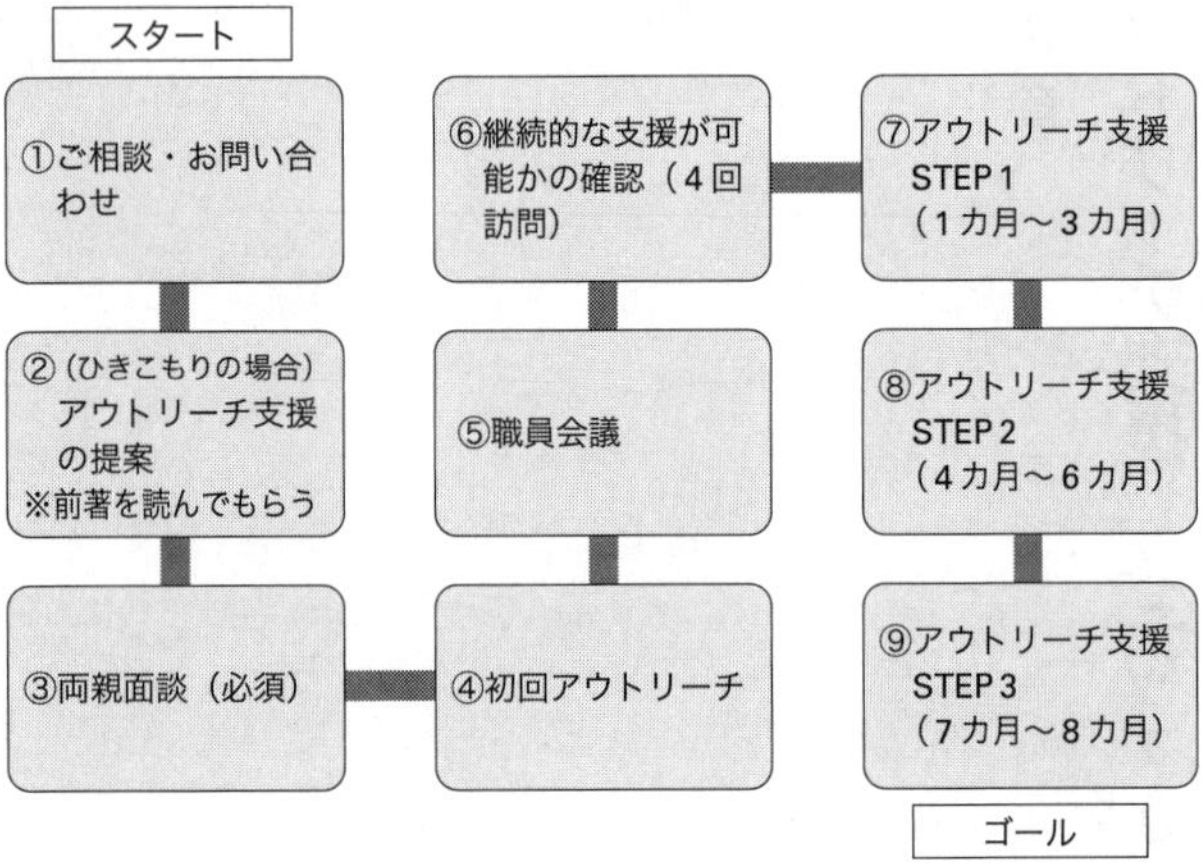

①　ご相談・お問い合わせ

私が36年以上の指導経験によって編み出した、不登校・ひきこもりを直す方法は、大きく分けて①**規則正しい生活をする**、②**自律して自信をつける**、③**社会貢献をする**という3つのステップになっています。

しかし、実際はその前の準備、ステップ0《ゼロ》が必要になってきます。そこからがアウトリーチ支援の始まりです。

まず、最初のご相談やお問い合わせの内容から、ひきこもりか、そうでないかの判断をします。

ひきこもりとは「仕事や学校に行かず、か

つ家族以外の人との交流をほとんどせずに、6カ月以上続けて自宅にひきこもっている状態」と厚生労働省が定義しています。

しかし、当会では6カ月経っていなくても、部屋から一歩も出ない、親子間のコミュニケーションがない、一緒に食事をしない、お風呂に長期間入っていないという状態の場合は、ひきこもりと判断しています。

家からは出ないけど、親と仲良く、一緒にご飯も食べて、お風呂にも入っている、こういう場合は不登校の状態なだけで、ひきこもりではありません。実際には、そういう不登校だけ、というのは女子の場合が多く、男子はほとんどの場合ひきこもり状態で相談が来ます。

ひきこもりでない場合は、本人を含む面談を提案します。全般的に、不登校やひきこもりの調査では、男女比が約7対3となっていることがほとんどで、当会でも8対2の割合で男子が多く、男子はひきこもり状態でも女子は不登校だけというケースが多いです。女子のケースについては12章で紹介します。

② アウトリーチ支援の提案

次に、当会の支援方針を説明する場（面談や電話）を作ります。この段階ではお母さんだけが面談に来ることが多いので、ここで両親面談の必要性をお話しします。また、私の前著『不登校・ひきこもりの9割は治せる』を読んでいるかどうか確認し、読んでいなければ、読んでもらいます。すると、アウトリーチ支援もスムーズに進むので、必ず両親ともに読んでもらいます。

③ 両親面談

両親面談で大事なのは、両親に当会の方針を理解してもらい、お父さんお母さんと当会の三者の方針を一致させることです。

例えば単身赴任のお父さんがいたりして、お父さんが当会との面談に参加できないでいると、お母さんと当会のスタッフで子どもに働きかけてうまくいきかけていたところに、お父さんから「本当にそのやり方でいいのか」などと横やりが入り、全てが台無しになってしまうことがあります。スタッフと両親が一枚岩になって対応しなくてはいけないのです。

両親と面談でよく話し合って、今後の方針がアウトリーチに向いているか判断します。

以前は、父親の本気度を見るために、必ず対面での両親面談にしていました。会社を休んで来るくらいの本気度が必要だからです。

しかし、コロナ禍ということもあり、最近ではオンライン面談も可としています。中には、「オンラインならいいです」と断る人もいます。オンライン面談ができるようにするまでの設定が意外に大変だからです。それでもやるかどうかで、本気度がわかります。

親に共通する3つのタイプ

ここまで終了したところで、初回アウトリーチの前にまず、職員会議を開きます。

本人のひきこもりのステージがどのくらいかを判断し、それまでの両親とのやりとりから、親のタイプを見極めます。それによって、アウトリーチのやり方が違ってくるからです。これがとても重要です。

私は36年以上の経験があるので、当たり前にやってきたことですが、今は、スタッフの大倉を中心に、その見極め方を会得《えとく》しつつあります。

分かりやすく説明すると、子どものタイプと親のタイプにいくつか共通点、法則があるのです。共通点は、家庭環境、親のタイプという2つに分かれ、子どもは親のタイプに大きく影響されています。

まずは家庭環境です。1つ目は、父親が無関心で、「仕事が忙しい」などを理由に子育てを母親だけに任せてきた家庭です。2つ目は両親共働きの家庭、3つ目は父親が単身赴任の家庭です。いずれも、父親と母親で、子どもに接する時間のバランスが崩れている状態にあります。母親だけに子育てが任されているというケースがほとんどですが、中には、父子家庭など、お父さんだけが子育てしているというケースも見られます。どちらにしても、父親と母親が離婚していたり、離婚していなくても不仲というケースがよく見られます。

次に、共通する親のタイプです。1つ目に学歴主義タイプ、2つ目に過干渉タイプ（過剰な厳しいしつけをするタイプを含む）、3つ目に甘やかしタイプがあります。

中でも、甘やかしタイプは、お金に甘いタイプ、約束に甘いタイプ、態度が甘いタイプに分かれ、ときには2つとも甘いタイプ、3つとも甘いタイプも見られます。

1つ目の学歴主義タイプの親の場合、子どもは成績や学歴に極端にこだわりを持ち、それ以外の価値観が低い状態にあります。また、通えていないのにもかかわらず、自分の学校にこだわりすぎていて、それが支障になっています。

2つ目の過干渉タイプの親の場合、子どもは、自己肯定感が低く、自分で意思決定や意思表示ができない状態にあります。

3つ目の甘やかしタイプの親の場合、お金に甘い親の子どもは、自律心が欠如していることが多く、物に当たるなど、物を大切にしない傾向にあります。約束事に甘い親の子どもは、自分に甘く、目標が定まらない傾向にあります。子どもに対する態度が甘い親の子どもは、全般的にわがままの傾向にあります。

このように、親のタイプや環境を見極めたうえで、子どものタイプを探っていきます。

ひきこもりの5つのステージ

さらに、それまでの両親のヒアリングから、子どものひきこもりの重症度を見極めます。

当会では次のように重症度を分類しています。

ステージ1　不登校状態、親子間のコミュニケーションはとれている。生活リズムもなんとか維持。食事は3食とれている。

ステージ2　不登校状態、親子間のコミュニケーションはなんとかとれている。生活リズムは不規則。食事は3食とれているかあやしい。

ステージ3　不登校状態、親子間のコミュニケーションがとれない（特に進路について）。生活リズムは不規則。食事は3食とれているかあやしい。

ステージ4　ステージ3が1カ月以上続き、自室に閉じこもっている。親子間のコミュニケーションが全くとれない。子どものひきこもり状態を親は普通の社会生活に戻そうとしているが、両親の考えが揃っていない、もしくは疲弊《ひへい》している。

図表6　ひきこもりのステージ区分

重症度	不登校の期間	親子間コミュニケーションの有無	生活リズムが崩れていないか	食事がとれているか
ステージ1	1〜60日	△	△	○
ステージ2	61〜180日	△	×	△
ステージ3	181日〜	×	×	△
ステージ4	年単位	×	×	×
ステージ5	年齢20歳以上	×	×	×

作成：一般社団法人 不登校・引きこもり予防協会

ステージ5　子どもがすでに20歳を過ぎ、親も子もひきこもり生活が年単位で常態化している。普通の社会生活に戻すのは極めて困難。

厚生労働省の定義でいうと、不登校期間6カ月以上からひきこもりで、ステージ3となりますが、子どもとコミュニケーションがとれていないなら、それより短期間でもステージ3に相当すると私は考えています。

親のタイプ、家庭環境、子どものタイプ、子どもの重症度を総合して、初回訪問の作戦を立てます。スタッフ3人（竹村、大倉、根本）の中で誰と相性が合うかを考えて、担当スタッフを決定します。子どもの小さい頃の生育歴や性格まで聞いたうえで決めることにしています。

また、両親のヒアリングが十分にあり、どんな子かが分かる場合は、趣味が合う学生インターンを連れて行くことを検討する場合もあります。アニメ、ライトノベルなど、好きなものが同じだったり、同じゲームをやっていたりすると、コミュニケーションがとりやすいからです。

また、両親から家の見取り図も提供してもらいます。出入口や窓の場所も確認し、万一のときは、逃げられるようにするためです。

実際、危険が伴うこともあります。蹴られるなど、暴力を振るわれることもあります。そのため、防刃チョッキを身に着けて訪問することもあります。

④ 初回アウトリーチ

基本は週1回、同じ曜日の同じ時間に訪問するようにします。ひきこもりの子どもは急な変更を極度に嫌うからです。なるべく親から事前に訪問に来ることを伝えてもらいます。伝えるか伝えないかは、親の判断に任せていますが、黙ったまま急に訪問するのは最終手段で、なるべく事前に伝えてもらうようにしています。

初回の訪問では、何よりも安全に留意します。長期間ひきこもっていると、まともな精神状態ではなくなります。油断は禁物です。これまでも、初回訪問で子ども部屋が散らかっているのを整理しようとして、暴れて暴力を振るわれたケースがありました。エアガンや刃物を持って部屋にひきこもっている場合もあります。

ですから、スタッフの安全を第一に、Ｔｅａｍｓで連絡をとりながら、訪問します。訪問に入った時間、終了した時間を必ず報告してもらいます。スタッフ間で「いいね」を押すなどサインを送り合って、見守ります。

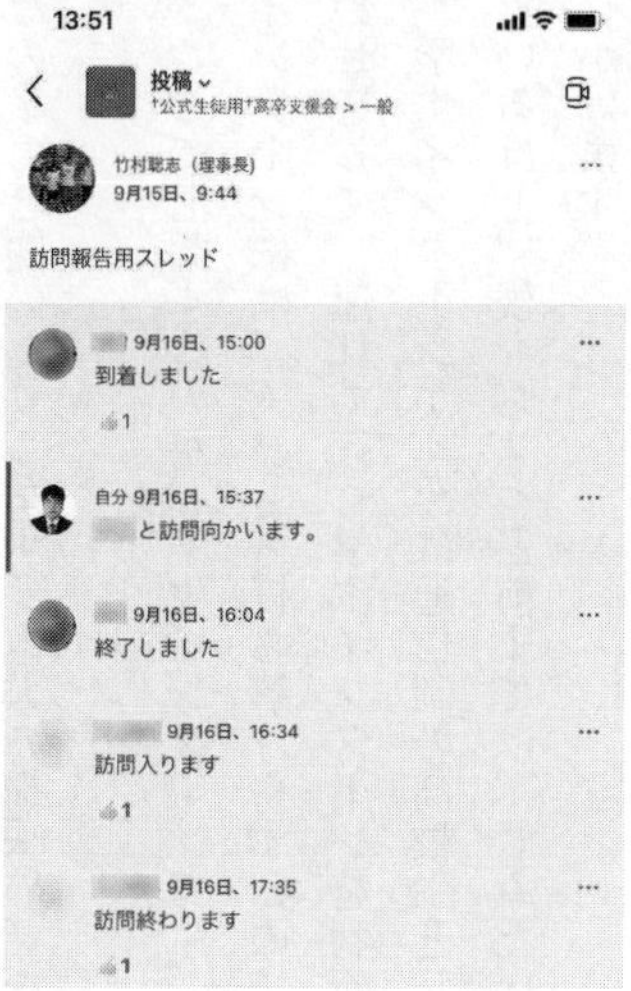
13:51
投稿
竹村聡志（理事長）
9月15日、9:44
訪問報告用スレッド
9月16日、15:00
到着しました
自分 9月16日、15:37
と訪問向かいます。
9月16日、16:04
終了しました
9月16日、16:34
訪問入ります
9月16日、17:35
訪問終わります

初回アウトリーチでは、本人の部屋に入って会える状態であれば、まずはスタッフの自己紹介をします。そして、ゲームをしているなら、「何のゲームをしているの?」と聞いたり、マンガを読んでいるなら、「何のマンガなの?　どんなマンガが好き

なの?」と聞いたりします。本人の趣味の話をしばらくして、コミュニケーションを深めます。

ここで活躍するのが、学生インターンです。同じ趣味を持ち、ひきこもり経験のある学生インターンには、子どもも打ち解けやすいので、そこはしっかりと事前の職員会議で打ち合わせをして、連れて行く学生インターンを判断していきます。

学生インターンが「今は通信制の高校生として高卒支援会に通って、学生インターンをしているけど、僕もちょっと前までは、君みたいにひきこもりだったんだよ」というように話しかけます。

子どもにとって全然知らない大人が訪ねてきて、話してくれるわけがありません。しかし、ちょっと前まで自分と同じようなひきこもり状態だった人が、今ではこんなふうに社会で活躍できているということが、子どもの心に響くのです。

ただし、学生インターンを投入するのは、事前の両親面談でかなり詳しく本人のやっているゲームが分かったり、親に写真や動画を撮ってきてもらって、どんな雰囲気かが分かっている場合に限ります。

たいていの場合は、スタッフと対面で話ができる段階になってから、学生インターンを投入します。

滞在時間は1時間を厳守するわけ

初回アウトリーチで、最初から部屋に入れてくれて、話してくれる子どもばかりではありません。部屋に入れてくれないなら、ドアの外から話しかけます。布団をかぶって出てこないなら、布団越しに話しかけます。

いずれにしても、この段階ではコミュニケーションをとって信頼関係を築くことが大事なので、学校の話、進路の話などをするべきではありません。コミュニケーションを深めることだけに、とどめておきます。

ここで厳守するべきなのが、滞在時間です。1時間と決めて、それ以上は生徒の家に滞在しないようにします。1時間を過ぎるのは相談者側にとっても良くありません。子どもが疲れてしまい、もう来ないでほしい、という反応になってしまうからです。また、1時間なら拒否反応が少ないことが多いです。慣れてきても、この時間は必ず守ってもらいます。

ここで深追いしてはいけません。もう少し話すと外へ出せるんじゃないか、などと期待して長引かせると、子どもも話がつきて、お腹いっぱい、という感じになってしまいます。子どもに、もう少し話したい、と思わせるのが重要です。

もちろん、初回訪問で拒否反応があることもあります。トイレに閉じこもる、布団をかぶって出てこない、すきを見て窓から脱走、などは、初回ではよくあることです。

拒否反応があった場合、がっかりされるご家庭もありますが、最初からうまくいくわけがありません。初回訪問すると、その反動でスタッフが帰った後に家庭で暴れることもあります。それも織り込み済みで、徐々に良い方向に向かっていくように作戦を練っていきます。

もう一つ重要なのが、ひきこもりから立ち直るまでの期間を定めないことです。

世間では、半年で必ず外に出すから、そのかわり数百万円という報酬を求める、いわゆる引き出し屋と呼ばれる団体もあります。しかし、子どもが自発的に出て来なくては、意味がありません。また、スタッフにとっても、必ず期間満了までに結果を出さなくてはならないと思うと、精神的に負荷がかかり、焦って強引な手段を使ってしまう原因になります。場合によっては事件にまで及んでしまうこともあるでしょう。それを防ぐために、期間を定めないことが重要です。

これまでの経験からいうと、アウトリーチ支援でひきこもりから脱するには、ひきこもっていた期間と同じくらいの時間がかかるのです。

よく保護者から「どのくらいで直りますか」と聞かれるので、そう答えるのですが、「そんなにかかるんですか」と言われることが多いです。

しかし、急ぎすぎてはいけません。本人が納得して自発的に外に出られるようになるためには、少しずつ、一歩ずつ、スタッフとの信頼関係を構築して、外に出られるようにしていく必要があります。そして、一気に順調に良くなることはありません。良くなったかなと思うと、その反動でまた悪くなったり、という波を繰り返しながら、徐々に良い状態になっていきます。決して焦らず、その子のペースを尊重することが大事です。

⑤ 職員会議

初回アウトリーチを終えたら、その状況を報告してもらい、その後の戦略を練るための職員会議をします。

初回アウトリーチで、スタッフがチェックリストを作成します。

これをもとに、内容を吟味《ぎんみ》して、ここで改めて、ひきこもりステージを決定し、正式な担当者を決定します。本人の趣味への理解度が高く、性格の合いそうなスタッフに決定します。初回の担当者のままの場合もありますし、変更する場合もあります。臨機応変に、より良い選択をしていきます。

ここでひきこもりステージが軽度（ステージ1～2）の場合は、高卒支援会が担当しますが、重度（ステージ3～5）の場合は、現在は、不登校・引きこもり予防協会（杉浦）が担当しています。

私が担当する場合は、大きく分けて、次の3つです。

図表7　訪問支援時のチェックリスト

カテゴリ	チェック項目
身だしなみ	髪は切っているか（散髪の頻度）
	外出用の服が揃っているか
	歯磨きは毎日しているか
	お風呂に入っているか
	匂いは臭くないか
	爪は切っているか
生活習慣	部屋をきれいにしているか
	生活習慣は乱れていないか　【起床時間】　【就寝時間】
	ご飯は決まった時間に食べているか　【朝食】　【夕食】
	ゲーム、電子機器に依存症状が見られるか（使用できないと暴れるなど）
	電子機器の1日の平均使用時間（スマホかゲームどちらが多いか）
	部屋のカーテンを閉めたままにしていないか
コミュニケーション	両親との会話があるか、一緒に食事をとるか
	兄弟や親戚、祖父母との仲
	今までの友達と連絡をとっているか
	ゲームなどでボイスチャットを使っているか
	人に会うのを怖がっていないか（視線が怖いなど）
	本人への対応に父親、母親で偏りはないか
環境	両親共働きかどうか
	両親のいずれかの家にいる時間が極端に少ない場合があるか
	経済的余裕があるか
	両親が食事を作っているか
	家全体の清掃具合
	防音性（両親の会話が聞こえるか）
	祖父母が近くに住んでいるか
両親の連携、教育方針	『不登校・引きこもりの9割は治せる』を両親共に読んでいる
	両親の意見の一致
	両親のコミュニケーション時間　具体的に
	子供が幼少期の教育方針の一致
	幼少期、しつけ等で　暴力行為があったか
	幼少期、しつけで甘くしすぎていないか
安全面	DV歴　物の破壊行為
	部屋に刃物、凶器となるものがないか
	防刃チョッキの必要性の有無
	本人の部屋が両親の滞在場所から離れすぎていないか
	面談時、保護者のいずれかの在宅が今後可能か
	本人に薬の服用はないか(向精神薬など)　ある場合は薬の名前
職員メモ	・間取り図
	・本人の趣味（好きなyoutube or 漫画 or アニメ or ゲーム〈ランクなども〉）

・両親の意見の一致が明らかにとれていない（特に父親が職員の言うことを聞かない）場合
・表面上は意見の一致が見られるが、実際に訪問支援をしていて、行動が伴っていない場合
・両親の子どもへの接し方に問題がある場合

こうしたことが頻繁に起こるので、子どもへのアプローチと、親へのアプローチは別々に行います。

子どもには年齢の近い若手のスタッフからアプローチをする一方で、保護者には年長のスタッフからアプローチをします。重度の場合は私からアプローチを行います。

この親へのアプローチで重要なのは、この段階で親が勉強の話、進路の話などを子どもに持ち出さないことを約束させることです。子どもは不登校やひきこもりで、自分に負い目がありますから、勉強や学校、進路の話を出されると、拒否反応を起こしてしまいます。子どもへのアプローチがうまくいきかけたのに、親から勉強の話を出して、台無しになることがあります。勉強や進路の話は、スタッフが状況を判断して、適切なタイミングで切り出すの

で、それまで、親は勉強のことは一切言わないことです。

両親が納得してスタッフに任せていただけるような環境になったら、支援を開始していきます。

⑥ 4回訪問後の職員会議

実際にアウトリーチ支援を4回続けます。そこで改めて、継続的な支援が可能かどうかを確認するための職員会議を行います。

ここまでの状況で、両親が協力的な状況か、本人が嫌がっていないか、嫌がっていた場合はそれで親がどう判断するかを見極めます。

場合によっては、いったんストップする場合もありますが、そこで止めてしまうと、元に戻ってしまいます。親に確認をとると、ほとんどの場合は、継続になります。

問題がある場合は、ここで両親面談をさらに行うこともあります。

さらにアウトリーチの具体的なアプローチ方法を検討していきます。担当も正式決定します。

基本は週1回、毎週同じ曜日の同じ時間に訪問しますが、両親の意向なども踏まえて、週2～3回にする場合もあります。

先に述べたように、対面でスタッフと話ができるようになっていれば、学生インターンを投入します。

第7章
実例で解説するアウトリーチ支援ステップ

アウトリーチの実例

6章でアウトリーチ支援の最初の準備段階、ステップ0を見てきました。これを実際にどう行っていくのか、エイタくんの実例を挙げて、見ていきましょう。

【エイタくん】（現在高校1年生。中学受験で進学校に入学したが、中1の3学期から徐々に不登校になり、中2の4月からは全く学校に行けなくなった。中2の11月から訪問支援を始めて、インターンのカイトくんを信頼するようになり、中3の6月に初めて本格的に家から出る）

エイタくんは中学受験で進学校に入学しました。もう一つ合格した進学校は自由な雰囲気だったのですが、エイタくんは、自分はすぐに勉強をさぼってしまいそうだからと、あえて厳しい受験指導をする進学校のほうを選んだといいます。しかし、その選択はエイタくんを追い詰めることになりました。受験が終わったら、しばらくはのんびりしようと考えていたエイタくんでしたが、エイタくんは特進クラスで、周りのクラスメイトは入学直後から、国立大学現役合格を目指して勉強していたといいます。「オレは東大に行く」と公言する生徒もいて、目標を高く持って勉強する雰囲気だったそうです。

授業の進度も速く、ついていくのもやっとです。宿題だけは出しなさいと親に言われましたが、エイタくんは手抜きができず、完璧にやらないと気が済まないタイプ。結局、完璧にできないので、宿題を出せないまま、精神的に追い詰められて、3学期の2月には、登校するのが週1～2回になってしまいました。クラスにはエイタくんのほかにも不登校状態の生徒が2～3人いたといいます。中2の4月からは完全に行かなくなりました。自分の部屋にひきこもって、「フォートナイト」というゲームをずっとやっていたそうです。

学校からは退学勧告を受けて、中2の9月からは地元の公立中学校へ籍を移しましたが、1日も登校しませんでした。

両親から最初に当会にコンタクトがあったのが、中2の11月です。完全にひきこもってから、8カ月が経とうとしていました。

きっかけは2019年11月9日の当会の講演会に、両親揃って来てくれたことです。講演会終了後に、私（杉浦）のところに相談に来ました。簡単に話を聞くと、すでに8カ月ひきこもっているので、ステージ3です。両親ともに私の前著を読んでくれていたので、当会の方針もよく理解してくれていました（アウトリーチ支援の①と②）。

両親面談で分かった厳しい状況

そこで、両親面談を11月18日に行いました（アウトリーチ支援③）。ここで、詳しくこれまでの経緯や、生育歴、最近の状況を聞きます。

お父さんは、エイタくんがひきこもってから事あるごとに、「大人になって働くには勉強しておかないといけない」「路上生活者になるつもりか」「学校は行くべきところ」と言っていたといいます。これにエイタくんは「一生働かない」と答えていました。お父さんはエイタくんに対してゲームやスマホの使用を夜間制限したり、勉強したら○時間使用可能、といった制限を設けていましたが、逆効果で、取り上げると軽い暴力を振るったり、壁に穴を開けたり、家具を壊すこともありました。

転校の話をすると、「今の中学に行ける可能性は1％、転校したら0％」と言い、転校に伴い、教育委員会の人が会いに来ると話すと、壁に穴を開けるなど、拒否反応が大きく出たといいます。

転校した9月から10月までの2カ月間は、ゲームやスマホの制限をやめて、自由にさせていました。自由にさせることで、将来を考えるようになるのではないかと、期待したようです。

お母さんにはゲームやユーチューブの話をしたり、一緒にオンライン映画を観ようと誘ったりしてコミュニケーションがとれている状態でしたが、お父さんが話しかけると、ほとんど無視して反応しない状況でした。

8月からはコンビニにも行かなくなりました。映画や外食などに誘っても一切行かなくなり、「絶対に人とは会わない、どこにも行かない」と言います。大好きだった祖母が来ても部屋から出てこなくなりました。

10月下旬にはお父さんと話し合っています。「昼夜逆転の生活をやめて、ゲームやスマホの時間を減らしたほうがいい。今後どうするつもりか」とお父さんが聞くと、「このまま外には出ない、ずっと家にいる」と答え、お父さんは「ずっと家にいても働けないだろう。それなら家にいなくていい、出て行っていい」と、エイタくんを外に引っ張り出そうとします。エイタくんは暴れてお父さんを蹴ったりお父さんが逆に蹴り返したり、しばらくバトルが続いたといいます。

エイタくんは「数カ月前に学校行けとか、ゲーム禁止とか言ってた頃と全く変わってない。全く分かってない、理解がない。なんてバカなんだ」とお父さんに激高したそうです。

「外に出るのが嫌、人に会うのが嫌、電車も嫌、通学が遠かったのも嫌。以前は友達に会うとホッとしていたけど、今は友達と会うのが一番嫌。こんなの話し合いじゃない。どうせ（お父さんの）好きなようにさせようとするだけでしょ。今、将来やりたいことはない。見つかれば自分でやるし、人に言われてもやらない。こんな話をしてイライラする。ネットで友達になった人のユーチューブで配信する動画の編集をして、仲間の役に立って認められようと思ったのに、もうできない。もう、この1日で全ての信頼がなくなった。もう何をしてもダメ。もう親の思い通りにはならない」

職員会議

こうしたヒアリングを受けて、職員会議です。詳細を確認し、親のタイプを見極めます。お父さんは高学歴で大企業に勤めていて、6章の親のタイプで分類すると、学歴主義タイプです。そこまで無理矢理勉強をさせているというわけではありませんでしたが、本人が親の期待レベルについていけなくなったという状態です。優秀な父親への葛藤があり、また、中学受験の頑張り疲れ、プライドと自分の現状とのギャップ（周りの能力の高さ、勉強の遅れ）、母親の過干渉（中学に入ってからも細かな口出しが多かったこと）もあり、それらが複合的な理由となって、ひきこもっている状態でした。

重症度はやはりステージ3、外へ出るまでには時間がかかるだろう、一筋縄にはいかないだろうと、職員間で認識を共有しました。

職員会議を受けて、初回アウトリーチ（アウトリーチ支援④）は11月27日に行うことになりました。担当スタッフは大倉です。なるべく訪問することを事前に本人に伝えてほしい、伝えたほうがうまくいきやすい、また、訪問するときはお父さんがいたほうがいい、とお母さんに伝えました。

11月27日、事前に訪問があることは知っていたので、エイタくんはそわそわした様子だったそうです。予定時間の30分前まではゲームをしていて、居間に来て様子をうかがったりしていました。「会いたくない」とは言ったものの、大きな抵抗はなかったようです。

約束の時間に大倉が訪問すると、エイタくんは部屋で布団をかぶったまま、出てきません。少し動いたりする様子から、起きてこちらの話を聞いているようでした。大倉は布団越しに、自己紹介や雑談をして、本人とは45分ほどで終了しました。

エイタくんはのちにこう振り返っています。「なんで来るの？　このままこの人と話して、外に出たら、親の思い通りじゃん。絶対そうはさせない、と思っていました」。

大倉が帰った後は「勝手に人を呼んで話を進めるな」と両親に怒って、大荒れだったそうです。こうした拒否反応は初回アウトリーチでよくあることです。事前に両親に伝えておいたので、両親も冷静に受け止められたと思います。

初回アウトリーチを終えると、職員会議です（アウトリーチ支援⑤）。

職員スタッフで話し合って、担当スタッフは中学生など低学年に人気の根本のほうがいいのではないかということになり、大倉に代わって根本が週に一度の訪問支援を続けることになりました。趣味などについても共有し、エイタくんが好きなゲーム「フォートナイト」をやっているカイトくんが、同行する学生インターンとして候補にあがりましたが、まだ、職員スタッフと対面で話ができるようになっていないので、もう少し経過を見守ります。

お父さんに全身全霊をかけてもらわないと

初回アウトリーチの1週間後の12月4日、2回目の訪問です。この日、初めて根本が訪問に行きました。最初はやはり布団をかぶり、話しかけても無視するばかりで、何も反応してくれませんでした。

翌週の3回目の訪問、12月11日には、甘い物が好きと両親から聞いていたので、甘いお菓子をお土産に持って行きました。ゲームの話題で話しかけると、布団から出て、話してくれるようになりました。エイタくんは根本と初めて話したときのことを、「家族以外の人に会うのが久しぶりで、すごく緊張していました」と言います。その後、一緒にゲームをしたり、工作をしたりして、コミュニケーションを深めました。

12月18日に4回目の訪問を終えると、またここで、職員会議です（アウトリーチ支援⑥）。

この会議で問題になったのは、お父さんの態度です。仕事の都合がつかなかったのかもしれませんが、初回アウトリーチの日には、なるべくいてほしいとお伝えしたにもかかわらず、その日お父さんは不在でした。また、保護者会にもお母さんしか参加してくれません。お父さん本人はそういうつもりではなかったかもしれませんが、私たちスタッフには消極的な関わり方に見えました。

特に、不登校・ひきこもりを隠したがる傾向にあり、そうしたことが本人を外に出すのに影響があると判断したのです。

大倉、根本ともに、両親面談を再度行うべきという提案があり、私との面談を設定しました。

翌年の1月10日、両親と私（杉浦）、大倉、卒業生のお母さんで、面談をしました。

私は、「今までの関わり方を見ていると、お父さんは最低限の関わり方しかしていません。全身全霊でお子さんに向き合ってくれないと、その態度が子どもに伝わるのです。お父さんが消極的だと、エイタくんはひきこもりから脱することができないのです」と話しました。また、オープンな雰囲気を家庭で作ることなどをアドバイスしました。

お父さんは「今まで、周りにひきこもりと思われることは隠したほうがいいという考えでした。それがエイタのためにならないんですね」と、納得してくれました。この面談の後からは、お父さんも保護者会に出席してくれるなど、全力で協力してくれるようになりました。

卒業生のお母さんからは、子どもがひきこもりから立ち直るまでの実体験を話してもらいました。

その後、お母さんからは「エイタとの会話が以前より増えました。根本先生が来ると、明るく接するように変化してきています」と報告がありました。

こうした変化を受けて、今後も訪問を続けていくことを確認し、次回の訪問からは、学生インターンを同行することを決定しました。

ここまでが6章で説明したステップ0の状況です。ここから本格的に立ち直っていく段階（ステップ1）に入ります。

学生インターンによる信頼関係の構築

ステップ1では、子ども本人とスタッフとの信頼関係の構築が最重要です。ただ、ゲームばかりやっている子どものところに、ゲームをほとんどやらない大人が行っても話が続きませんし、心も開いてもらえません。

そこで活躍するのが、学生インターンです。自分と同じような年頃で、同じように不登校・ひきこもりだった人、自分が好きなゲームやアニメの話を一緒にしてくれる人なら、子どもも心を開いてくれるのです。

前著でもインターンの有効性を書きました。エアガン3丁を持って部屋に立てこもっていた中学生のカイトくんを、学生インターンのアツヤくんが、繰り返し訪問して徐々に信頼を得て、半年ぶりに外へ出られた様子は、大きな反響を呼びました。

今はそのカイトくんが、学生インターンとして訪問支援を行っています。支援される側から支援する側になることで、カイトくん自身の成長にもなっているのです。

ステップ1をどう行うか、このカイトくんの活躍とともに、エイタくんがひきこもりから復活した様子を見ていきましょう。

1月15日、根本は高校生インターンのカイトくんを連れて訪問しました。事前にカイトくんが来ることを知らされたエイタくんは、「また人が増えるのは嫌だなと思っていました」とのちに振り返っています。訪問直前にも、お母さんに「絶対に会わない」と言って、部屋を真っ暗にして、イヤホンをつけて布団をかぶり、聞こえないふりをしていました。お母さんが布団を外そうとしても、必死に引っ張っていて、外してくれません。

根本とカイトくんで布団越しに話しかけますが、何も反応はありませんでした。しかし、おそらく聞いていたと思われます。親には「イヤホンをつけていたから、全く聞こえなかった」と言っています。

カイトくんはお母さんに、「僕はもっとひどいひきこもりで、訪問してくれたスタッフにエアガンを撃ったり、鍵を壊したり、風呂に入らなかったりしました。でも、それでも立ち直ることができたので、エイタくんも絶対大丈夫ですよ！　エイタくんとゲームの趣味も似ているから、僕に任せて下さい」と話したところ、お母さんはとても安心した様子になり、期待してくれました。

布団をかぶったままのエイタくんには、「来週も来るから、そのときは話そうね」と声をかけて、帰りました。

1週間後の1月22日、やはりこの日の訪問前も、エイタくんはお母さんに「来ても、オレは話さないからな」とずっとぐずっていたそうです。

根本とカイトくんが家に着くと、部屋の中にいましたが、この日は布団をかぶっていませんでした。イヤホンをつけているエイタくんに2人が挨拶をすると、仕方ないというふうにエイタくんは嫌々ながらもイヤホンを外して、会釈をしてくれました。

カイトくんは、簡単に自己紹介をすると、ゲームの話やアニメの話をしました。エイタくんに「どんなゲームをしてるの?」と聞いても、返事はなかったので、カイトくんが一方的に自分の好きなゲームやアニメの話をすると、携帯をいじりながら、ずっと聞いています。

すると、そこへお姉ちゃんが帰ってきました。「せっかくだから、お姉ちゃんも一緒にゲームをやろうか」と冗談で話すと、そこでようやく、エイタくんは少し顔を伏せながらも笑顔を見せました。そこからは、気持ちもほぐれてきたようで、顔を伏せたままでも、返事をしてくれたりするようになりました。カイトくんが話し続けて、エイタくんが返事をしたり笑顔を見せたりするようになってきました。

次回もまた根本とカイトくんで来ることを伝えると、エイタくんに拒否反応は特にない様子でした。カイトくんもやっと話ができてほっとしたようでした。

それからおおよそ1週間後の1月31日、エイタくんの部屋を訪ねると、今回は布団をかぶっていないだけでなく、携帯もいじらずに、話を聞いてくれました。

カイトくんが前に出て、自分のひきこもりの経験から現在に至るまでの経緯を話し始めました。

「オレもひきこもっていたけど、いつまでこれが続くのか、不安になったことがある。ユーチューブでニートの動画を見て、30代になっても続くのか……と絶望したこともあったんだ」

カイトくんは続けて、ひきこもりを直すには若い頃のほうが直しやすいこと、まだやり直しはいくらでもできること、これから頑張って自分の道を探すのが大事だということ、そんなことを話しました。

そして、教室の様子やイベント（遊園地イベントなど）の写真を一緒に見て、カイトくんが撮影した教室の動画も見せました。

エイタくんは興味を持って観てくれたものの、「イベントは仲のいい人がいないと、行っても楽しめない」と不安そうに話します。外に出ることも億劫《おっくう》になっているというので、カイトくんはそれなら外に出る練習をしようと提案しました。

「じゃあ、最初は練習として、マクドナルドに行こうぜ」とカイトくんが話したところ、エイタくんは「行くのは嫌じゃないけど、年上の人と一緒に行ったときに、何を話せばいいか分からない」と不安をぬぐい切れない様子でした。そこで、カイトくんは「大丈夫だよ、オレがいるから」と力強く言いました。

この言葉に、エイタくんは少しほっとしたようで、心配がなくなったような雰囲気でした。

5日後の2月5日、この頃になると、エイタくんから信頼を得られてきたようで、カイトくんと話をしているうちに、自分から「ひきこもりの自分に自信がない」と打ち明けていきます。そして「半年以内にはひきこもりを脱するのを目標にする」と自分で言い出したのです。

このときには、まだまだ不安も強い状態でした。「仮にこのまま1年くらい訪問支援をうけたとして、ひきこもりから抜け出すことができるのか」と悩む本音をカイトくんに漏らしています。

カイトくんは「エイタくんを外に出すのをオレの今年の目標にする！　だから一緒に頑張ろう」と決心を伝えました。こうして2人で一緒に頑張ろうという気持ちになっていったのです。

生活の改善

このように信頼を得られるようになってきたら、生活を改善するための約束をしていきます。信頼関係ができていないのに、焦って、あれこれやらせようとすると、失敗します。じっくりと時間をかけて、しっかり信頼を得たところで、約束をしていきます。

また、徐々に外に出て行く最初の段階として、まずは、部屋から出てリビングで話をするようにします。

2月12日、この日はリビングで会話をしようと提案すると、特に拒否することもなく、スムーズにリビングに出てきました。

そこで、カイトくんと根本で、生活を改善することがひきこもりから脱するのに大事だと説明して、家事の手伝いをする約束をしました。エイタくんと話し合って、週2回はお風呂掃除をすることになりました。

また、エイタくん本人から、「少し運動したい」と希望がありました。とてもいい兆候です。もともと陸上部だったエイタくん、部屋でカイトくんと筋トレをやりましたが、問題なくこなせました。それから、近所を2人でランニングしました。体力をつけるためにも、なるべく一人でもやったほうがいいと伝えました。

その後、エイタくんは「大人が近くにいても大丈夫だけど、同じ歳くらいの中高生がいると緊張してしまうので、誰もいない夜中にランニングをしていました」と話しています。

こうして信頼関係が構築できて、部屋から出てリビングで話もできるようになったら、今度は教室への登校に向かって一緒に考えていくステップ2です。

ただ、子どもによって動き出しのペースが違いますから、焦らず見守りながら訪問を続けます。

教室の様子を伝えて、登校したらどんなことをやるのか、ほかの生徒が立ち直っている様子を話して、自分も行けるようになるイメージを持たせます。

また、近所で買い物や食事をして、少しずつ外に出ることに慣らしていきます。

そして、本当にこのままでいいのか、スタッフとちゃんと向き合って話し合い、登校する必要性を実感させ、外に出るきっかけを作っていきます。

2月20日、この日、エイタくんはすでにリビングで待機していました。お風呂掃除に加えて、天井と窓の拭き掃除をしてもらいました。

その後、カイトくんと一緒に近所の土手まで行ってランニングをします。ランニングしながらカイトくんは「そろそろ勉強したほうがいいんじゃねえか。オレみたいになるぞ」とエイタくんに話しかけました。カイトくんも中1からひきこもって、当会に来て勉強をするようになるまで1年間何も勉強しないでいたので、その後の勉強が大変だったのです。そんな話をして、エイタくんの様子を見ていました。

家に戻ると、エイタくんは、「勉強をスタートしたい」と自分から切り出しました。ワークを使って中学の数学のおさらいの勉強を自分でするといいます。

また、教室の様子が気になっていることも話してきました。「どういう人がいるのか気になる」と話したので、カイトくんが撮影した友達の様子の動画を見せました。そして、「最初はオレと一緒に登校しよう」と誘いました。

このときの気持ちをエイタくんは「ずっとひきこもっているわけにはいかない、何とかしなくちゃいけないとは思っていました」と、振り返ります。「勉強のことや、将来のことを考えて、すごく焦っていたのです。かといって、自分で勉強しようとしても、すぐに飽きてしまってできない。高卒支援会の教室に行ったほうがいいとは自分でも思ったけれど、スタッフの根本さんとインターンのカイトくん以外の人としゃべるのが怖かったのです」といいます。

次回は根本とカイトくんと3人でランチを食べに行こうと約束して帰りました。

コロナ休校による中断

しかし、ここでコロナによる休校になってしまいました。3月から安倍元首相によって全国の学校が一斉に休校になったので、当会でも訪問支援をどうするか検討していました。少し時間を置いて、再び訪問したのは約3週間後の3月16日でした。コロナで日本全体に暗いムードが漂い、外出自粛が叫ばれるようになって、エイタくんの心にも暗い影を落としてしまったのです。

3月16日、カイトくんが訪問すると、前回自発的にやり始めたランニングや勉強は「やる気がなくなった」と言って、何もしていない状態に逆戻りしていました。

やらなくなったことで自信をなくし、目標を見失って、誰とも会いたくない状態になっていたのです。ひきこもったまま、ゲームをしたり、絵を描いたり、パソコンで動画を編集したりしていたといいます。

そこで、カイトくんがエイタくんに向かって、真剣に話しかけました。いつもは優しい雰囲気でちょっとおっちょこちょいの先輩みたいなキャラクターのカイトくんですが、このときは違っていました。

「ひきこもって、絵を描いたり動画編集したりすることで、お金儲けができるのか?」

エイタくんは黙って、何も言いません。

「お金儲けができて、自分で生活できるならいいけど、できないだろ。いつまでも親に養ってもらうっていうことは、できないんだ。親は自分より先に死ぬんだぞ。だから、お金を稼げるようにならなきゃいけない。それには、いろいろな経験をするしかないんだ。家を出て、いろいろな経験をしようよ」

エイタくんは、このときの様子をこう振り返ります。

「本気で僕のことを心配してくれているんだと、感じました。それで、自信はないけど、一歩先へ進んでみようと思えるようになったのです」

本来なら、そこでインターンのカイトくんがお迎えに行って、一緒に登校する練習をしていくのですが、コロナによる全国一斉休校なので、教室を開けられません。そこで、まずは4月から始まったオンライン授業を受けてもらうことにしました。通常はカメラをオンにしてもらうのですが、オフにしてどんなメンバーがいるかこっそり見てもらうことにしました。

5月には、オンライン授業と同時に、根本が訪問して、英語と数学の個別指導を開始しました。緊急事態宣言が明けた5月下旬から教室は再開しましたが、エイタくんはまだ、教室に行く勇気はありませんでした。

そこで、6月に根本と両親とエイタくんで三者面談をしました。学習面は問題がないが、コミュニケーション面に問題がある、新しい環境に入ることで、コミュニケーション能力を鍛えていく必要があると説明しました。

行動を開始しなければならない、と真剣に根本に迫られて、エイタくんも覚悟を決めたようでした。

しかし、急に教室に行くのは怖いというので、まずは外に出る練習として、カイトくんと一緒にビックカメラにウインドーショッピングに行くことにしました。6月17日のことでした。中2の4月にひきこもって以来、およそ1年2カ月ぶりに家の周り以外の場所へ本格的に外出できたのです。最初に相談を受けてから、7カ月が経っていました。エイタくんが欲しいゲームなどを見て帰りました。

そして翌月の7月1日、スタッフの根本がお迎えに行って、登校する練習をしました。翌週の7月8日には初めて一人で登校しました。ほかの生徒がいると緊張するというので、みんなが帰った放課後に登校して、残って待っていたカイトくんが話し相手になりました。そして個別授業を1～2時間受けて帰るということを週に1回行うようにしました。徐々に登校時間を早くして、みんなが帰るのと入れ違いになる時間に来てもらうようにして、少しずつ慣らしていきました。

エイタくんはこの頃のことを「教室には行きたいけど、緊張して怖かったのです。最初はカイトくんと根本さんしか話せませんでした」と振り返っています。

スタッフの竹村も、ずっとエイタくんのことは聞いていましたから、初めて実際に会って、少しでも早く打ちとけるようにと、いろいろと話しかけていました。甘い物好きと聞いていたので、ユーチューブで人気の「料理研究家リュウジのバズレシピ」から、簡単に作れるプリンシェイクのレシピを教えて、「これ、すごく美味しいから、作ってみてよ」と提案したりして、早く慣れてもらうようにしていました（実際に作ってみたと報告があったのは、2カ月後でした）。

こうして徐々に竹村とも話せるようになってきました。ひきこもりのアウトリーチ支援は主に大倉と根本が担当し、教室に通うようになってからは、教室運営は竹村が主に担当しているので、竹村とスムーズにコミュニケーションできるようになることも大事なのです。

イベント参加で徐々に溶け込んでいく

8月に入っても、週に1〜2日のまだら登校の状態でした（当会では、毎日通うことを大事にしているので、夏休みは8月後半に10日ほど設定して、なるべく登校させるようにしています）。

5日には東京ジョイポリスに行くイベントがあり、参加しています。最初は嫌がっていたのですが、カイトくんが面倒を見てくれるというので、参加することにしたのです。初めてのイベント参加に緊張して、周りが話したことのない人ばかりで、ちょっとしたパニック状態でした。最初はカイトくんが面倒を見ていたのですが、途中からはカイトくんが友達と楽しむことを優先してしまい、エイタくんはポツンと一人でいたのです。カイトくんは竹村に怒られて、後半はまた、エイタくんと一緒に回りました。

9月にも読売ランドに行く企画がありましたが、これにはカイトくんが来られないというので、エイタくんは行かないと言います。カイトくんへの依存度がまだまだ高いことが分かって、カイトくん以外とも話せるように、竹村が動きました。エイタくんと年が近い1歳年下の中2のヨウスケくんとマサキくんにも話しかけて、3人とも興味のあるeスポーツの話をしました。そこから少しずつ3人でゲームの話をするようになりました。

10月には体育祭イベントに参加してもらいました。リレーや綱引き、ドッジボールなどを行ったのですが、元陸上部のエイタくんは足が速いので大活躍したのです。しかもドッジボールも強い。みんなが驚きました。

マサキくんがドッジボールで当てられて外野に出たときには、「マサキをあおりに行こうぜ」とヨウスケくんがエイタくんに話しかけて、楽しそうに盛り上がっていました。エイタくんの好きなゲーム「フォートナイト」もオンラインで一緒にやるようになり、冬頃にはすっかり中学生の仲良し3人組ができあがったのです。

前年の11月に最初の相談を受けて、ここまで立ち直るまでに約1年かかったのです。

ここまで慣れてきたら、ステップ3に入っていきます。

将来を見つめ直す

ステップ3では、本人のペースに合わせて徐々に登校を増やしていき、将来を見据えて、いろいろな体験や特別授業にも取り組んでいきます。

また、インターンやアルバイト、ボランティアなど、なんでもいいので、人の役に立つ経験をさせて、自信をつけていきます。

エイタくんはその後も順調に登校日数を増やし、中3の3学期には、中学生グループのリーダー的存在になっていました。4月からは通信制高校に進学して、サポート校として当会に通っています。個別授業も増やして勉強に力を入れ、今では東京大学を目標に頑張っています。また、興味のあるプログラミングの授業をオプションで受けたり、eスポーツ部に所属して、高校生のeスポーツ大会に出場したりしています（詳しくは8章と9章で述べます）。

能力が高いので、初の中学生インターンにも登用しました。ひきこもり時代に画像編集を独学でやっていたベースがあるので、こちらの想像以上にレベルの高い仕事をしてくれます。あまりに仕事ができるので、前出のユウキくんが立ち上げた会社の副社長になってもらいました。企業から受注した動画編集など、さまざまな仕事をしてくれています。

エイタくんは「部活では本格的にゲームもできて、高校生なのに仕事もさせてもらえる。勉強も自分のペースで学びたいことが学べて、明らかに前の学校より楽しいです」と話しています。

立ち直るまでの間には、コロナ禍という大きな試練もありましたが、それも乗り越えて、ここまで復活できました。本当に素晴らしい成長です。

このように、奇跡の復活を果たしたエイタくんですが、ここまで立ち直れたのは、信頼関係を築いて外に出してくれた、インターンのカイトくんの存在が大きかったと思います。カイトくん自身は「いや、僕は何もしてないですよ。ただ、自分と似ているところがあって、ひきこもっている子の気持ちが分かるから、理解してあげたいという気持ちだけです。ご両親が喜んでいると聞いて、それは良かったなと思います」と、謙遜しています。

カイトくんは、自分は相談を受けるようなタイプじゃない、と言いますが、後輩の面倒見が良く、先輩からも後輩からも、あだ名で呼ばれて、親しまれています。もともと優しいタイプで、先頭に立つわけではありませんが、みんなのムードメーカーになっています。

かつてはエアガンを持って部屋に立てこもり、母親にエアガンを撃って、半年間一歩も家から出ずにひきこもっていたのです。それが、ひきこもりの生徒を外の世界へ出す役目を果たし、みんなのムードメーカーになっています。大きな成長です。

第8章
将来を見据えた特別授業と、支援の広がり

リアルタイムのオンライン授業

6章でアウトリーチ支援の方法論を述べ、7章では実例を挙げて具体的に見てきました。ステップ3になると、徐々に登校できるようになりますが、そこで登校が順調に増えるようになるための鍵が、規則正しい生活ができるかどうかです。

不登校やひきこもりになると、家庭教師をつけたり、塾に通わせたりして、学力をつけようとするご家庭が多いのですが、最も大切なのは、規則正しい生活習慣をつけることです。いくら学力がついても、いくら友達ができても、朝起きて学校に行かなければ意味がありません。学校でなくても、当会のようなサポート校やフリースクールでも構いません。アルバイト先でも構いません。ただ、朝から行かなくてはならない場所があることが大事なのです。朝早く起きて、朝ご飯を食べ、毎日学ぶ場所や働く場所に出かける。そのためには、前の日の夜も夜更かししないで早めに寝るようにする。そうやって規則正しい生活習慣がつくと、体力もついてきますし、仲間もできて、楽しく行けるようになってきます。

規則正しい生活は一番の優先事項になりますから、保護者の方にも、最初に確認してもらいます。順調に良くなることはまれで、続けて登校できたかと思えば、また行けなくなったりを繰り返しながら、だんだん登校できるようになっていきます。

そこで、当会では毎日通うことを一番大事にしています。しかし、コロナです。ここで課題だけ出して休校にしてしまったら、せっかく生徒たちが規則正しい生活ができるように訓練しているのを、途中でやめてしまうことになります。

案の定、コロナになってから受けた相談では、生活リズムが崩れて、昼まで寝ているという声が多く聞かれました。

そうならないために大事なのが、リアルタイムのオンライン授業です。緊急事態宣言が出てすぐに、オンライン授業の体制を整えました。オンラインで生徒をつなぎとめておかなくてはならないのです。

ここからは、実際にオンライン授業を現場で指揮してきた竹村から説明します。

竹村です。オンライン授業で一番大切にしたことは、リアルタイムであることです。オンデマンド形式だと、いつでも好きな時間に見ることができますが、それでは、早起きできません。決まった時間にパソコンやタブレットなどを通して、授業に出るように促します。も

このような感じで、起きるまで何度も連絡を入れます。ＬＩＮＥでも起きないときは、電話も入れます。

ちろん、カメラもオンにして、生徒の様子をちゃんと見られるようにします。

最初の緊急事態宣言中には、Ｄｉｓｃｏｒｄというチャットアプリを使って、オンライン授業を開始しました。このときの1日の流れです。

●9時30分

【出席確認、午前の学習】画面のカメラを確認して、時間厳守ができていない生徒には、個別にＬＩＮＥで連絡を入れます。

オンラインでつながった生徒から順番にスタッフと面談して、勉強の進捗状況を確認し、今日１日の勉強する内容を確認します。カメラをオンにしたまま、各自の勉強をします。基本的には、写真のように、現在取り組んでいる勉強の写真を撮ってもらい、それをオンライン上にアップしてもらいます。また、途中で質問があれば、いつでもスタッフに質問できます。質問にはチャット機能を使います。

ときには集団授業も行います。集団授業チャンネルを使って、オンラインで授業を行います。画面には各チャンネルやお知らせが並び、高校生は高校生用チャンネル、中学生は中学生用チャンネルに入ってもらいます。

このように、勉強の状況を画面にアップしてもらい、スタッフが進捗を確認します。

●12時30分

【昼休憩】　１時間の休憩です。自由に各自お昼ご飯を食べてもらいます。カメラはオフにしても構いません。雑談用のチャンネルも用意しているので、それを使って、友達と話すこともできます。

●13時30分

【出席確認、午後の学習】席に戻っているかを確認します。戻っていない場合はＬＩＮＥで個別に声がけをします。

●15時30分

【振り返りの時間】生徒一人一人、順番に１日の振り返りをします。勉強の進捗状況の確認だけでなく、学習計画の修正や進路相談も行います。

●16時

【ランニング】各自、自分の家の周りを走ります。Ｒｕｎｋｅｅｐｅｒというアプリを使って、それぞれどの道を何キロ走ったかを記録して共有します。同時にＤｉｓｃｏｒｄのチャット機能を使って、みんなで声をかけ合ったり、顔を見せ合ったりしながら走ります。

【個別学習】希望者は放課後に個別授業をオンラインで行います。苦手教科の補強や、受験対策などを行います。オプションの特別授業もここで行います。

●18時

【閉室】最初の緊急事態宣言が解除されて以降は、宣言中でも時短授業にするなどの対策を行いながらも、基本的には対面授業にしています。登校すること自体が大事だからです。

ただ、体調がすぐれなかったり、コロナの濃厚接触者になったりした場合などは、オンラインで授業に参加してもらうようにしています。朝、生徒から体調不良の連絡をもらうと、「オンラインのほうに入ってね」と伝えて、家からも授業に参加できる仕組みになっています。

オンライン授業の便利さは、オンライン授業期間が終わった後も活用しています。

オプションの特別授業として、現役の筑波《つくば》大学大学院生が教える英語があるのですが、先生はつくばからオンラインで教えてくれます。授業を受ける生徒側も、当会の水道橋校の中で授業を受ける生徒もいれば、ｅスポーツ部の活動場所となっている秋葉原で授業を受ける生徒もいます。場所の制約がないことは、大きなメリットになっています。

数学講座

7章で紹介したエイタくんのように、3つ目のステップに入り、毎日登校できるようになってきたら、本人の興味関心に合わせて、さまざまな体験をしたり、専門性の高い授業を受けたりしていきます。そこから、自分の適性を発見して、将来の進路につなげてほしいという狙いがあります。

こうした専門性の高い授業に関わってくれているのは、ボランティアで教えてくれるさまざまな大人たちです。各分野の一流の大人たちから直接教わることは、通常の学校ではなかなかできません。どんな授業なのか、紹介していきましょう。

まずは「Creative Mathematics講座　～数学博士になろう～」と題した、東海大学理学部数学科の元教授、渡邉信《しん》先生と、都内の有名進学校の数学教師であるユウコ先生の2人が教えてくれる数学の講座です。数学に工作の要素を入れて、楽しく学べる工夫がされていて、月に1回開講しています。

1回目の講座では、色紙でサッカーボールを作りながら、数学の問題を作ったり、数学を考えたりしました。

正三角形に切った三色の色紙の外心（外接円の中心）に鉛筆で印をつけ、各頂点を外心に合わせて折り曲げると、正六角形が完成します。同じ色が隣り合わせにならないように折り目同士をのりで貼りつけていきます。すると、正六角形を貼り合わせてできた隙間が、正五角形の穴になるのです。穴（正五角形）がいくつあるか数えて、それを計算で求める方法を考えていきます。こうしてオイラーの多面体定理を楽しく学びました。

渡邉先生は、「数学は受験勉強のためにあるんじゃなくて、こんなふうに、日常の生活の中にあるんです。さまざまなものが、数学を使って設計されているんですよ。たとえばπを3・14で僕たちは計算していますけど、設計するものが大きければ大きいほど、誤差が大きくなっていきますよね。宇宙開発でロケットを作るときには、3・14で計算したら、全然違う方向にロケットが行ってしまうから、もっと細かく計算しているんです」と教えてくれました。

この講座は、以前から当会で夏期講習や冬期講習、入試直前講座などで数学を教えてくれているユウコ先生が、渡邉先生にお声がけして下さって実現したものです。

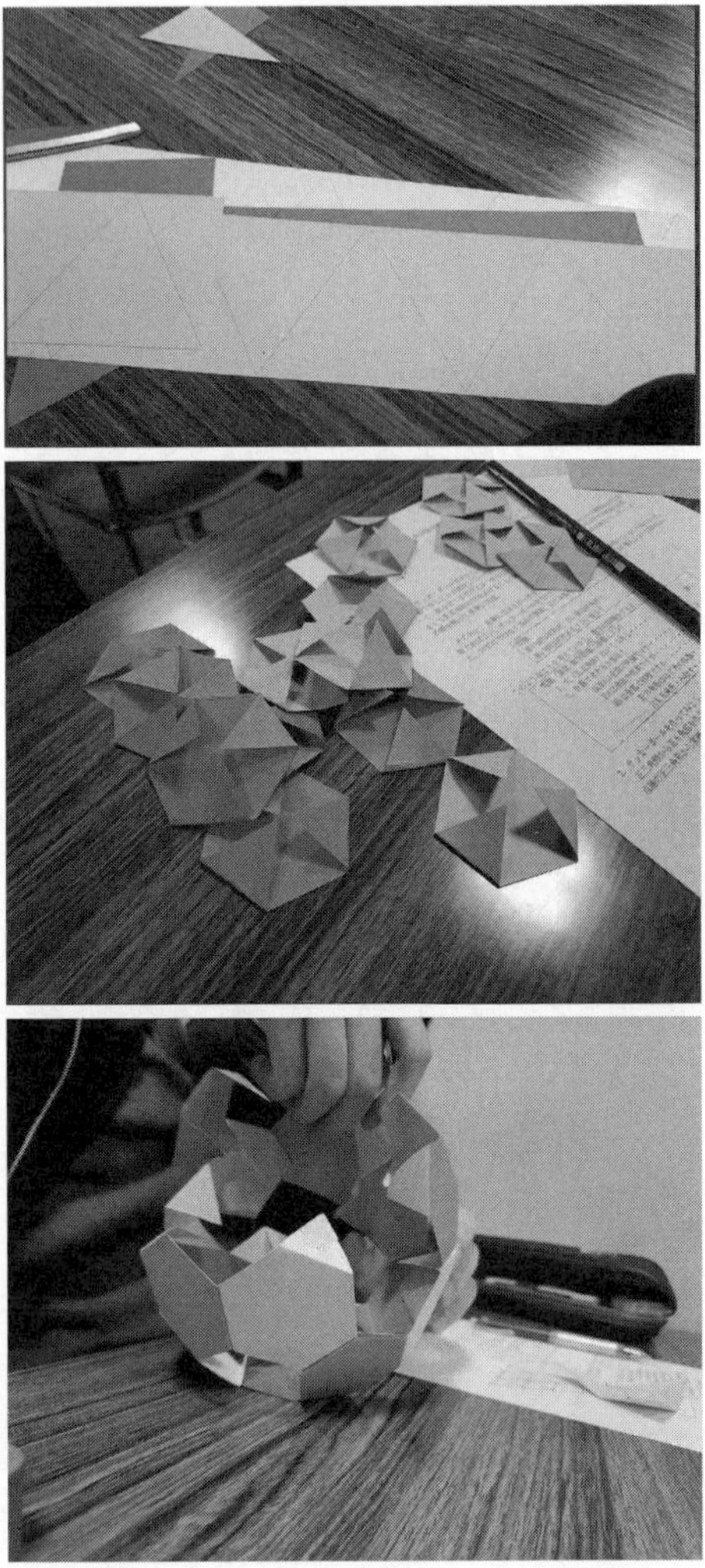

ユウコ先生は現在都内の有名進学校の先生ですが、さまざまな学校で教えていく中で、不登校などの問題を抱える生徒たちや、その保護者たちと出会い、そうした生徒たちが立ち直っていくためのお手伝いがしたいと、長年協力していただいています。

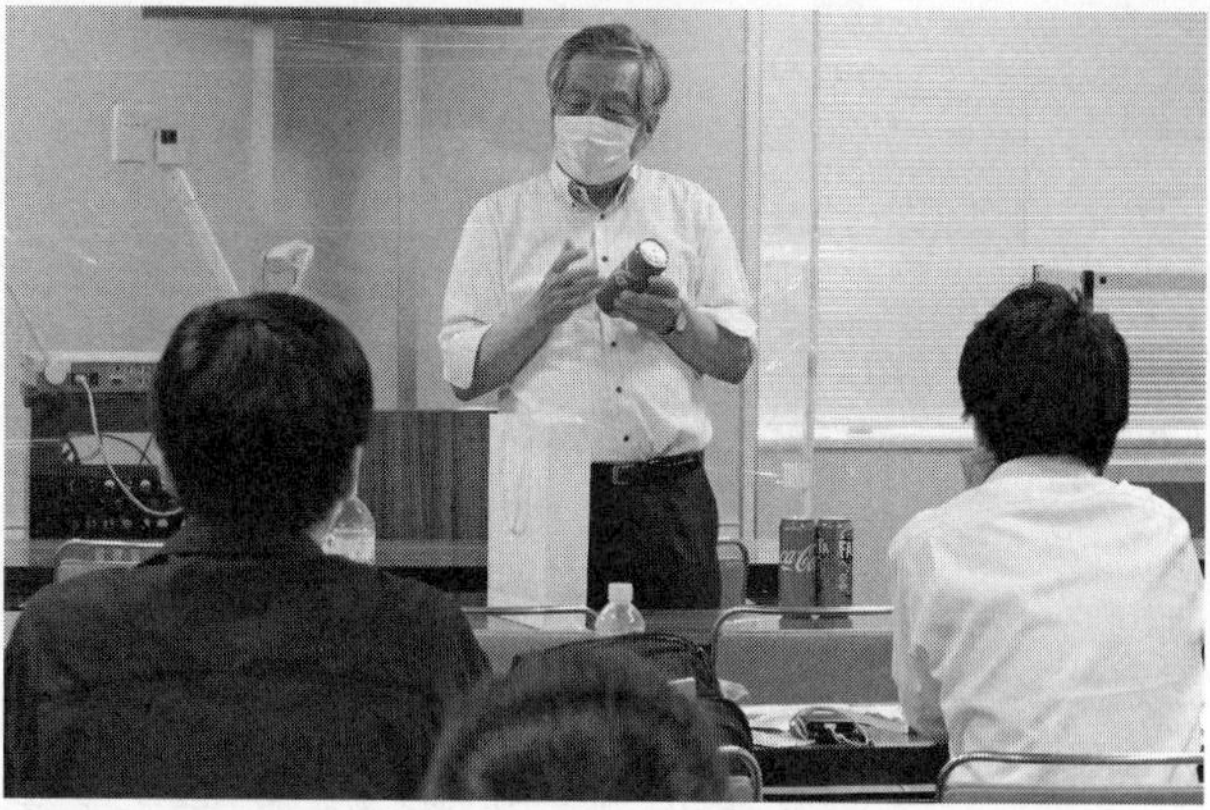

ユウコ先生は「学校の授業の中では、分からないことを分からないと言えないことが多くありますが、それが積み重なると、不登校のきっかけになることもあるのです。ですから、生徒たちと楽しく自然に話せる関係性を作って、一人一人のペースを大切にしながらさりげなく〝数学〟という種を蒔《ま》いていければいいと考えています。その中で、自然に芽を出してくれる生徒もいてくれるとうれしいですね」と話します。

渡邉先生も、「不登校やひきこもりの生徒に教えるのは初めてですが、中には東大を狙えるんじゃないかと思うくらい非常にできる子も何人かいて驚きました。不登校の子、イコール、ダメな子、という思い込みがある人もいるかもしれませんが、ここで学んでいる子たちのように、自由に楽しく学べる方法を、社会がもっと認めたらいいのではないかと思います」と、当会で教えた感想を話してくれます。

渡邉先生は、現在の学校で教える数学が、受験のための数学になってしまっていることに危機感を覚えているといいます。本来、数学は生活の中に溢《あふ》れているものです。特に経済は数学ができないと理解できません。ある大学の政治経済学部が2021年入試から受験科目に数学を必須としたのも、その表れだと先生はいいます。

「日本でもアメリカでも理系離れが危惧されています。数学とは受験勉強ではなくて、日常生活の中に溢れているものですし、数学を使って世の中を分析することもできるのです。ここにいる生徒たちにも、ぜひ数学の面白さを知ってもらい、大学で数学を学ぶチャレンジにつながったら、うれしいですね」

当会としても、生徒たちの理系進学を後押ししていきたいと考えています。

美術講座

続いては、現役のプロ漫画家が教えてくれる講座です。

3月に行っていた授業では、コピックという実際にプロの漫画家が使うアルコール系の画材を使って、色塗りのやり方を教えてもらいました。『進撃の巨人』『モンスターハンター』『日常』など、みんな自分の好きなアニメをお手本にして描くので、とても楽しそうです。

線画の状態にしたものを用意して、そこに色を塗っていきます。コピックは上から重ね塗りができ、印刷しても変わらない発色の良さが特徴です。

先生が「ここで急に赤から黒になっちゃうでしょう。この赤の上にもうちょっとグレーを入れてみたらどうかな」などと声をかけて、具体的に教えていました。

4～5月に行ったのはＬＩＮＥのスタンプの

生徒たちが制作して実際に販売されているLINEスタンプ

制作です。プロの漫画家やイラストレーターでも、デジタルで描く人が増えているため、デジタルでイラストを描くことに挑戦してもらおうという狙いです。タブレットやパソコンを使っての作業です。最初は「難しそう。デジタルだとできることが多すぎて、何から手をつけていいか分からない」と尻込みしている生徒もいましたが、慣れてからはみんな楽しんで作業していました。先生が1つ、生徒たちが1つから3つ作り、8つでLINEのスタンプに申請して、無事に通り、販売できることになりました。毎日誰にでも使えそうなスタンプから、使いどころが全くなさそうなものまで揃っていて、生徒の個性が十分に発揮されています。また、自分が作ったものが社会に出ることで、社会の中の一員としての充足感が得られて、とてもいい経験になったと思います。

この美術講座の先生である渡邉時央さんは、高卒支援会の前身である学力会の卒業生でもあります。訳あって私立高校を中退して、学力会で杉浦の指導のもと、定時制高校へ編入しました。その後は美術系の専門学校を卒業し、漫画家のアシスタントをしながら、漫画家の登竜門といわれる「赤塚賞」を受賞しています（集英社主催　令和2年第92回赤塚賞佳作『丼ストップいくら』破鴛時央）。

渡邉さんは、「美術の授業というより、みんなが好きなものを描いて楽しくやりたいと思っています。絵は理解力がつけば、上達するものです。プロの絵を見て模写していくことで上達できます。暗記に近いものなんですよ」と話します。そのうえで、「自分も高校時代に退学や編入など大変な思いをしてきたけれども、今は自分のやりたい道を歩んでいます。今悩んでいる生徒さんたちに、少しでも自分が進みたい道に進めるようなお手伝いができればいいと思っています」と言います。

実際にデザイナーを目指している生徒や、イラストレーターを目指している生徒もいるので、美大や美術系専門学校の進学相談にものってもらっています。

生徒たちとも仲が良く、何より、この授業を楽しみに教室に登校できるようになった生徒もいます。

このように本物のプロと接することで、自分の興味や適性を発見し、美術系の道への可能性も広がるのです。

プログラミング講座

有名ＩＴ企業に勤務しているアキラ先生が教えてくれるプログラミング講座です。

学校などで一般的にプログラミングを学ぶとなると、「Ｊａｖａ《ジャバ》」というプログラミング言語を学びますが、現在の実社会では、ＡＩをプログラミングするのに一番多く使われているのが「Ｐｙｔｈｏｎ《パイソン》」というプログラミング言語です。アキラ先生は、そのＰｙｔｈｏｎを分かりやすく教えてくれます。

アキラ先生は「Ｐｙｔｈｏｎは初心者が学ぶのに最適なプログラミング言語です。エラーが出ても、Ｊａｖａより分かりやすく、試行錯誤していくとなんとなくできるようなシステムになっています」と話します。

アキラ先生は、一流進学校から一流大学、一流大学院に進み、大学院でデータサイエンスに出会ったといいます。某有名企業から現在の某有名ＩＴ企業に転職して、データサイエンスの先駆者とも呼ばれています。さまざまなシンポジウムなどに登壇したりして、業界を牽《けん》引《いん》する人物です。そんな素晴らしい先生が教えてくれるプログラミング講座ですが、生徒たちはそんな肩書を気にすることもなく、どんどん質問しています。

アキラ先生は企業研修などで大人に教えることもありますが、「大人だと分からないとすぐにあきらめてしまうのですが、ここの子どもたちはやる気があるから、教えていて楽しいですね」と言います。

例えば、ある一つのコードを教えているとき、テキストにはこれを１００回繰り返したらどうなるか、とまでしか書いてないのですが、生徒たちは理屈よりとにかく動かしてみようとして、１０００回やったらどうなるか、というところまでやっていきます。ときにはプログラミングの文法的には間違っているのに、指示通りに動くこともあって、驚いたといいます。

「仕事で10年くらいプログラミングのコードを書いていると、同じやり方が染みついてしまっています。それが、生徒たちがやっているのを見て、こういう書き方もできるんだと、僕自身の発見にもつながっています。生徒たちは先入観がないから、どんどんやっていけるんですね。プログラマーになるには、才能より楽しんでやれることが大切なんです。ぜひ将来はプログラマーになってほしいですね」

一流の専門家から得る学び

一流の専門家が生徒たちに直接教えてくれることは、本当にありがたいと思っています。大きな社会貢献をしてくれていますが、アキラ先生自身は、「社会貢献なんて大それたことは考えてないです」と笑います。「不登校やひきこもりだったという先入観も全くなくて、友達に会いに来ている感じですね。生徒たちと仲良くなって、生徒たちが楽しんでくれているのがうれしいですし、僕自身も楽しんでやっているだけなんですよ」と話しています。

アキラ先生は、4章で起業したユウキくんの会社にも出資してくれています。当会の生徒や卒業生にまで大きな力を貸してくれています。

アキラ先生の講座を受けているヨウスケくんは、「プログラミングをやるようになって、工学系の大学に行きたいと思うようになりました」と話します。それまでは、何もやる気のない状態でした。中1の夏休み明けから教室に入れなくなり、学校の相談室に行って帰るだけの期間が続いて、当会に相談がありました。当会に通い始めたものの、毎日絶望している

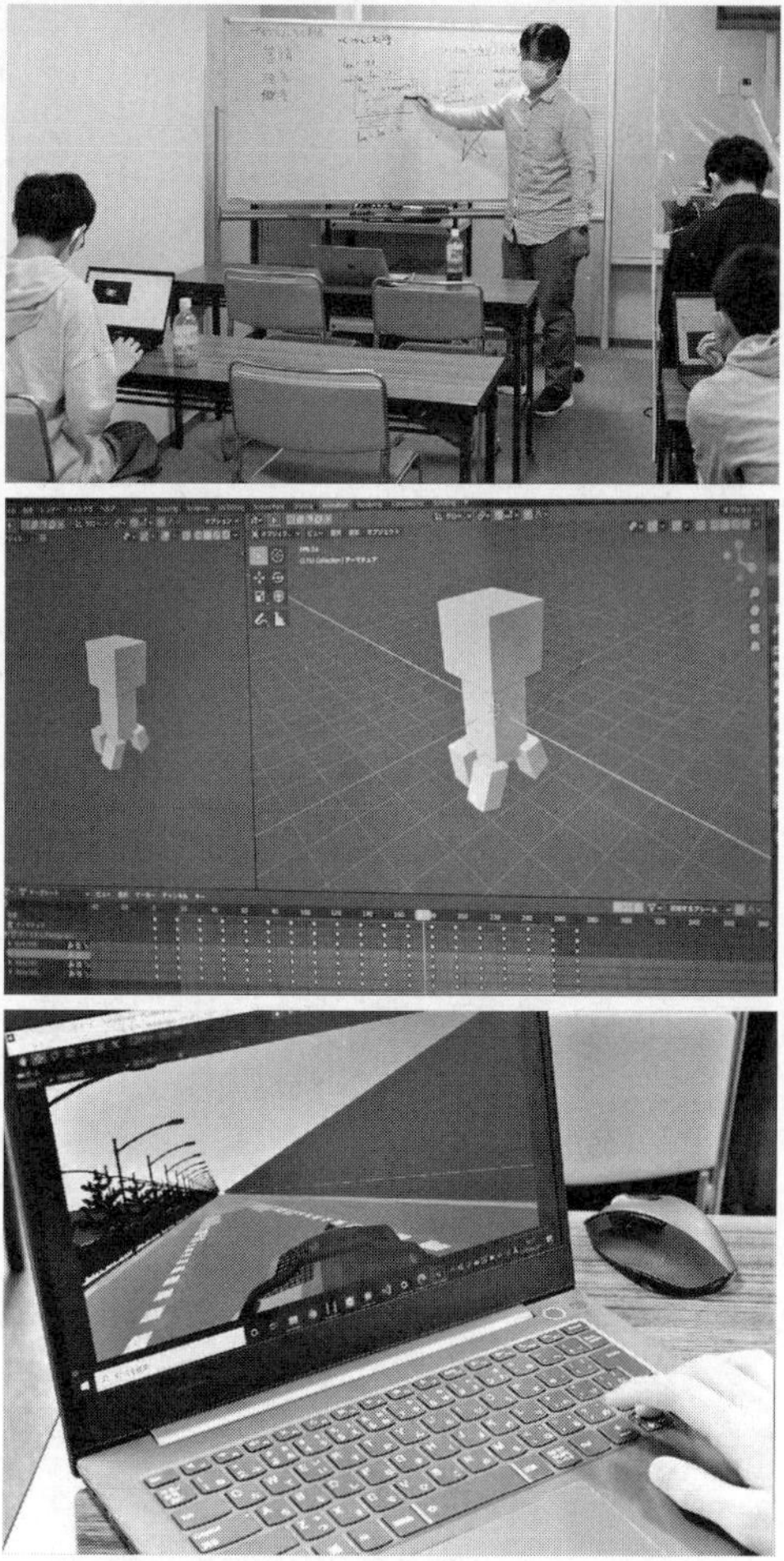

（上）講座の様子　（中）（下）作成中の生徒の作品（歩くロボットとレースゲーム）

ような顔をしていて、一度は勉強をやめさせて、通って慣れてもらうだけにしていました。しかし、中2でプログラミングを始めたところ、すっかり夢中になり、お父さんに頼み込んで中古のパソコンを買ってもらいました。自分で家でもやるようになると、どんどん上達していきます。工学系の大学に行くという目標を自分で決めてからは、勉強も頑張るようになりました。大きな変化です。

マサキくんもプログラミングを始めてから変化した生徒です。マサキくんも中1の10月から不登校の状態でした。学校に行こうとするとお腹が痛くなってトイレに2〜3時間こもる日が続き、本人と親で話し合って、学校をしばらく休むことにして、代わりに当会に通うことになりました。通っていた中学校が嫌いなのではなく、中学校というもの自体が嫌だといいます。最近の男の子にしては珍しくゲームには興味がなく、本が好きな生徒でした。何に対しても興味を示さなかったのですが、中2になってプログラミング講座を始めてから、変わりました。「とにかくプログラミングが楽しいんです。パソコンを買ってもらって、家でもやっています。ゲームをやるより作るほうが僕は楽しいんです」と言います。動画編集も上手にできるようになって、ほかの勉強にまでやる気を見せるようになりました。将来は理系の大学に進みたいと考えるようになりました。

ヨウスケくんもマサキくんも、現在中学3年生ですが、この代（２００６年4月～２００7年3月生まれ）からは、大学入学共通テストでプログラミングが導入されます。今から学校で習っている生徒もいるかもしれませんが、習っていたとしても、教科書で習うのは少し前の世代のプログラミングになってしまうので、ヨウスケくんとマサキくんが今これだけ本格的に最新のプログラミングをやっているのは、大きなアドバンテージになると考えています。

7章でエイタくんのアウトリーチ支援に大活躍したカイトくんも、このプログラミング講座で技術を磨いています。もともとゲーム好きだったので、その延長で楽しんでやるようになりましたが、現在高校2年生となり、将来を考えるにあたって、プログラミングをやっていきたいと思うようになりました。

プログラミングで手に職をつければ、就職に直結します。プログラマーになるのももちろんいいですし、ＩＴ企業以外の一般企業や自治体などでも、プログラミングができる人材の需要は大きいですから、就職に非常に有利になります。
カイトくんはすでに杉浦が理事長を務める一般社団法人不登校・引きこもり予防協会のホームページ制作も行っていますから、このプログラミング講座でますます腕を磨いていくと、就職もスムーズにいくでしょう。

同じく7章でカイトくんの訪問もあり布団から出てきたエイタくんも、このプログラミングの授業を受けています。すでにユウキくんが起業した会社で動画編集もやっているので、ますます知識が増え、技術が上がっています。でき上がった動画を納品すると、受注先からの評判も良く、さらに受注が増えるという良い循環になっています。エイタくんの自信にもつながっています。

支えてくれるプロの大人たち

これまで紹介してきたように、数学、美術、プログラミングはどれも進路に直結していきます。いろいろな分野を体験してみて、自分の好きな分野や適性を知ると、将来の設計ができるようになります。目標ができると、生徒のモチベーションも上がります。すると、毎日ちゃんと登校できるようになったり、受験を意識して、ほかの勉強も頑張り始めるようになったりします。

このような将来を見据えた特別講座の取り組みは、当会だけでなく他の通信制高校やサポート校でも行っています。プログラミングコース、ペットコース、スポーツコース、ネイルコース、起業家コース、子ども福祉コース、クッキング・パティシエコースなどがあるところもあります。通信制高校やサポート校を選ぶ際に、子どもが興味のありそうなことを体験できるところを選ぶと良いかもしれません。

当会でもこうした取り組みができるようになってきたのは、ご紹介したようなさまざまな大人たちからの支援・協力があるからです。

こうした支援はさらに広がっています。当会ではボランティアセンターに求人を出しているのですが、これを見て、ボランティアをやりたいと連絡してきてくれる人が増えています。また、ホームページを見て、ボランティアを希望して来てくれる人もいます。

あるときは、プロボウラーの佐藤貴啓《たかひろ》さんが、ボウリングの授業を行ってくれました。プロアスリートとしてボランティアをやりたいと思っていたという佐藤さんは、生徒たちにボールの投げ方や、プロの収入や生活、そして自分の夢の見つけ方など、さまざまな興味深い話をしてくれました。

佐藤さん自身、中学受験をして進学校に入り、進度の速い授業についていけなくて大変な思いをしたときがあったといいます。不登校になってしまった友達も何人かいたそうです。

「僕自身も、休みがちでぎりぎり卒業できて、大学にも行きましたが、有名大学に行って出世してもらいたいという親の押し付けがありました。今、不登校になっている子どもたちも、背景にはそうした親からの押し付けがあるのではないかと思います。しかし、子どもたちには、自分にしかできないことをしてほしいと思います。そして、それは自分でしか見つけられないのです。僕はボウリングに誰よりも情熱を注げると思ったから、プロになりました。ボウリングで活躍できること、ボウリングで人々を喜ばせることが、自分の生きがいなのです。生徒さんたちにもぜひ、自分にしかできないことを見つけてほしいと思います。そして、これを教えられるのは自分しかいないと思い、ボランティアに参加したのです」と話します。

生徒たちもじっと聞き入っていました。佐藤さんのような夢の見つけ方、職業の見つけ方を知って、生徒の視野が大きく広がったと思います。

全日制高校へ通う生徒のボランティア

全日制高校に通う普通の高校生がボランティアに来てくれることもあります。

あるときは進学校の高校2年生の男子生徒2人がボランティアに来てくれました。生徒たちの勉強で分からないところを教えてもらったり、課題を手伝ってもらったりしました。

2人は実際にボランティアをした感想をこう話しています。

「心理学に興味があって、心に悩みを抱えた人と交流してみたいと思ってボランティアに参加しました。元不登校、元ひきこもりと聞くと、暗くて人間不信の人が多いんだろうなと思っていましたが、実際に話してみると、人見知りのところは多少あるけど、明るくて人懐っこい感じでした。きっと想像もできないような辛い経験をしているのだろうに、それを一切感じさせない元気さと強さを感じて、自分以上に明るいと思いました。考えが180度変わりました。自分たちと何も変わらない普通の人たち、なんなら自分より全然優秀な人たちばっかりでした」

「将来教師になりたいと思って、中高生と関われるボランティアを探していたので、このボランティアに来ました。来る前は勝手な思い込みで、不良みたいな子が多いと思っていました。でも実際に会ってみると、みんなフレンドリーですぐに打ち解けることができて、みんな真剣に自分の勉強に取り組んでいました。全く自分のイメージと違っていて驚きました」

今でも相談を受けると、「通信制高校でも、大学に行けるんですか?」などと質問されることがあります。当会でも卒業生は早稲田大学、上智大学、東京理科大学、立教大学、明治大学、法政大学、中央大学などを筆頭に、たくさんの大学に合格しています。もちろん適性や希望を踏まえて、専門学校や就職をすすめることもありますが、大学が選択肢にないことは、決してありません。しかし、一般的にはまだまだ通信制高校では大学に進学できないという思い込みがある人もいるようです。

また、元不登校、元ひきこもり、高校中退した人、と聞くと、暗い人とか、逆に不良っぽい人、という思い込みがある人がまだまだ多いです。しかし、一般の人と同じで、明るいタイプ、元気なタイプもいますし、静かなタイプの子もいます。それだけ、不登校やひきこもりは、どんな生徒でもなる可能性があると思っています。

こうしたボランティアの広がりが、通信制高校や不登校・ひきこもりの子どもたちへの誤った先入観を少しでも正してくれることを期待しています。

学生インターンの大きな力

また、当会では大学受験を目指す生徒が多いので、個別授業も行っています。私たちスタッフや大学生インターンが教えています。

大学生インターンの一人に、現在、都内私立大学医学部5年生のリサさんがいます。私がかつて学生時代に塾で教えていたときの教え子で、彼女も個別指導をしてくれています。都内の医学部は東大に匹敵する最難関の一つですから、その厳しい受験を乗り越えてきた彼女の経験を生かして、難関校を目指す生徒たちに教えてくれています。「自分の経験を生かして生徒さんたちの力になれればうれしいです」と話しています。

ボランティアやインターンをしてくれる人は年々増えていて、２０２１年現在では、社会人ボランティアが21人、高校生ボランティアが7人、大学生インターンが19人、高校生インターンが3人となっています。たくさんの人たちの支援の輪が広がっていることは、本当にありがたいですし、何より、生徒がたくさんの人たちと触れることで、より世界が広がっています。

インターンやボランティアのチーフとして当会を引っ張ってくれているのが、加藤優希くんです。

加藤くんは進学校でトラブルを起こして中退した後、都立の定時制高校である新宿山吹高校に編入するための試験対策として、当会の前身である学力会に通っていました。見事編入試験に合格し、さらに高3では独学で勉強して、明治大学に合格しました。大学合格後から当会のインターンとして頑張ってくれています。

彼は一般的にイメージされている不登校やひきこもりとは正反対のタイプです。見た目も金髪のイケメンで、重度のひきこもりの子からは敬遠されることもあります。一方で、生徒たちから絶大な人気もあるのです。

民間のフリースクールでは、ひきこもりだった当事者が運営していることが多いのですが、そういった場所では、生徒も先生も似たようなタイプばかりがいることになります。しかし、一般の学校や社会では、いろいろなタイプがいるわけで、その中でうまくやっていかなければなりません。そのためにも、ひきこもりだった生徒が加藤くんみたいなタイプに慣れることが重要だと思っています。私もときどき「竹村先生は太陽みたいに明るくてついていけない」などと言われることもありますが、私や加藤くんのようなタイプが身近にいることが、不登校やひきこもりを克服するためには必要だと思っています。

また、加藤くんの行動力には、素晴らしいものがあります。

3章でパイロットになる夢を見つけたタクヤくんたちが、カナダに短期留学できたのも、加藤くんの力がありました。

カナダ短期留学には、まとまった額のお金も必要になります。そこで、加藤くんが考えたのが、クラウドファンディングです。当時はまだクラウドファンディングが今ほどはメジャーではなかった時期です。クラウドファンディングで幅広い人からの寄付を募集する一方で、加藤くん自身は、日本一周の旅をしながら募金活動を行いました。ヒッチハイクしながら日本全国のフリースクールを周り、募金を集めたのです。その様子はユーチューブで配信されました。こうした行動力は、生徒たちにも大きな影響を与えました。途中で合流して一緒にヒッチハイクをした生徒たちもいます。

最終的には、2019年2月24日から3月29日まで、116人のドライバーにお世話になって、全国22のフリースクールを訪ねる日本一周を達成しました。たくさんの人たちと交流しながら目標を達成する姿は、きっと生徒たちに大きな刺激を与えたと思います。

このほか、生徒たちに個別授業で教えたり、大学受験を目指す生徒に、独学で合格するためのアドバイスをしてもらったり、当会のユーチューブを担当してもらったり、大活躍してくれています。

加藤くん自身は、「クラウドファンディングや日本一周など、やりたいことを全部やらせてもらいました。僕自身もお世話になったので、恩返しをしながら、自分も楽しく、生徒の役に立てたらうれしいと思っています」と話しています。

第9章

ゲームの有効性――eスポーツ部の意義

ひきこもりから立ち直らせるためのゲーム

当会が生徒の課外活動（部活動）として行っているのが、eスポーツ部です。たいていの不登校やひきこもりの生徒が家にこもってやっているのが、ゲームやスマホです。女子はスマホでインスタグラムなどのSNSやユーチューブなどの動画を見ていることもありますが、男子はほとんどゲームです。ゲーム機でやるだけでなく、スマホでもゲームをしています。あまりに長時間やりすぎて、ゲーム依存、スマホ依存を心配する保護者の方が多いのですが、日常生活に支障をきたさない範囲できちんと付き合えば、問題はないと考えています。本人と保護者でお互いに納得できる話し合いをして、ルールを決めるのがベストです。そうした話し合いもなしに無理に取り上げたりすると逆効果になることがほとんどです。

親には目の敵《かたき》にされることの多いゲームですが、ひきこもりの生徒を立ち直らせるときには、非常に大きな役割を果たしてくれます。アウトリーチ支援では、たいてい最初は好きなゲームの話をして、コミュニケーションを深めていきます。一緒にプレーしたりすると、だんだんと訪問しているスタッフやインターンに心を開いていきます。登校できるようになっても、今度は友達と仲良くなるのに、やはりゲームは欠かせません。休み時間に一緒にプレーをすることで、友情を深めていきます。

フリースクールやサポート校に毎日通うようになって、仲間ができ、将来の目標が見えてくると、受験勉強や資格の勉強など自分からやるべきことをやるようになりますから、そういった段階になれば、ゲームを無理に制限しなくても、自分から時間を決めてできるようになっていきます。逆に、部活動としてeスポーツに取り組むようになると、仲間とのコミュニケーションを深めたり、協力して物事をやり通す力をつけたりできるようになります。

不登校やひきこもりの子どもたちがゲームにのめり込む理由の一つは、やることがほかにないことです。佐藤渉太くんの例がそれを物語っています。

【佐藤渉太くん】（スポーツ推薦で高校へ進学したものの、厳しい練習に耐えられずに不登校に。ひきこもってゲームにのめり込んだが、当会に通うようになって、eスポーツ部で活

躍して、元気とやる気を取り戻し、大学へ進学した）

涉太くんは、WBC（ワールド・ベースボール・クラシック）でのイチロー選手の活躍に憧れて、小学2年生のときに野球を始めました。地元のクラブチームに所属し、小6のときにはキャプテンを務めました。渉太くんがキャプテンを務めたときに、チームは大会ベスト4という好成績を残し、中学ではさらに有名なクラブチームに所属することになりました。中3のある試合の日、いつもより調子が良く、たまたま活躍できたときに、ちょうど私立校のスカウトが見に来ていました。監督のすすめもあって、その私立校のスポーツクラスに推薦で入学することになったのです。最初はラッキーと考えた渉太くんでしたが、野球部のグラウンドとスポーツクラスの校舎は学校の本校舎と違う場所で、自宅から遠く、電車で1時間以上もかかる場所だったのが誤算でした。

入学前から朝から夜までの練習に参加しなければならず、入学後は朝5時に家を出て、朝練をしてから授業を受け、さらに部活を遅くまでやって帰ると、帰宅はいつも夜10時をまわっていました。厳しく長時間にわたる練習で、身も心もすり減ってしまいました。入学後数日で、もう学校に行けなくなりました。部活のメンバーはクラスも同じなので、朝練を休んで、授業だけ行ける雰囲気ではありません。家にこもって、ゲームをする日々が続きました。

約1年半の間、昼頃に起きて、1日10時間くらいゲームをして、朝4時頃に寝る生活です。

涉太くんは、このときのことを、「自分がひきこもった原因はゲームではありません。ほかに何もすることがなく、後ろめたさを忘れるためにゲームに逃げたのです。ゲームでなくても、逃げられるものがあれば、何でもよかったのです」と話します。

お母さんも、「今思えば、本人は、野球はそんなに強くないところで、楽しみながらやれる高校に行きたかったのかもしれません。でも、監督にすすめられて、私も行ってみたら、と背中を押してしまったのです。スポーツ推薦でうまくいくのは本当に一部の人だと思います。プロとしてやっていける人はほんの一握りなので、将来のことを考えると、きちんと勉強に重きを置く学校が良かったのだと思います」と話します。

ゲームを通した友情

涉太くんがひきこもり始めた頃、お母さんは学校の先生に言われるがままに、ゲームを取り上げたり、ＷｉＦｉを切ったり、スマホを止めたりして、なんとか学校に行かせようとしたといいます。「でも、そうしたら、涉太は押し入れに入って、出て来なくなってしまったのです。死んでしまうんじゃないかと心配になり、7月に退学しました」。

退学してからは、渉太くんもお母さんもスッキリしたといいます。お母さんは「もう、学校行きなさいとか、ゲームやめなさいとか、言わなくてよくなって、気が楽になりました。学校を辞めてどうするかは、渉太本人の問題で、私が高校や大学に行くわけじゃないんだと初めて気がついたのです」と言います。渉太くんが自分で気がつくのを信じて待とうと思ったと話します。強いお母さんです。

こうしたお母さんの態度が、渉太くんの態度にも影響していきました。1年くらいは家にいるままでしたが、徐々に親ともコミュニケーションをとるようになり、洗い物を手伝ったり、お母さんの肩をもんだりしていたといいます。

学校を退学した直後に当会に体験入学したときには、「明日も来いよ。待ってるよ」とうちの生徒から声をかけられ、「ああ、行きます」と返事をしたものの、バーッと逃げるように走って帰り、お母さんには「もう絶対行かない」と言ったそうです。その1年後、当会から、暑中見舞いが来たのを見て、渉太くん本人が、「行ってみようかな」と言い出したといいます。

こうして当会へ登校するようになると、今度はゲームを通して友達ができるようになりました。２０１８年度に毎日新聞社主催の全国高校eスポーツ選手権が初めて開催されることになると、それに合わせて、当会でもeスポーツ部を立ち上げました。渉太くんは仲間たちとチームを組んで練習し、この大会に出場することになったのです。

渉太くんがもともと体育会系なのも、eスポーツ向きでした。ゲームとしてエンジョイするだけでは勝てません。１位を目指して勝つことに重きを置かなければ、eスポーツにならないのです。渉太くんは競技志向で、どうやったら勝てるかをずっと考えるタイプでした。相手チームの分析をして、戦略を立て、仲間と意思疎通しながらゲームを進めていきます。「今こっちを攻めているから、あっちで待機して」など、自分の進めたいやり方を伝え合うのです。勝つために考え続けて、ゲーム以外でも仲間と話し合ってコミュニケーションをとるようになり、とても仲良くなりました。部活のように朝錬もやりました。

こうして大会では3回戦まで進み、成績はベスト16と大健闘しました。最後のベスト16に残ったときの試合はものすごい接戦でした。勝ったときの喜び、協力し合う喜びを経験して、大きく成長したのです。

その後、２０２０年４月に香川県が、子どもがゲームで遊ぶ時間を１日60分とする「ネット・ゲーム依存症対策条例」を施行したことについて、渉太くんは朝日新聞の紙上で、実名・写真入りで堂々と意見を表明しています（朝日新聞２０２０年1月25日「（耕論）ゲーム1時間条例に？　佐藤渉太さん、尾木直樹さん、高橋名人」〈新聞記事は1月25日掲載、ネット記事は3月5日掲載〉）。ゲームは悪いことばかりではない、不登校・ひきこもりだった自分が立ち直るために必要なものだったと主張しています。自分の意見をはっきり言えるようになり、自信をつけました。

こうして自信をつけると、将来のことも考えられるようになってきます。もともと人が多いところは好きではないという渉太くん。地方に憧れがあり、農業をやってみたいと、茨城のキャベツ農家でインターンも経験しました。こうした経験を経て、大学の農学部の受験に挑戦したのです。一般受験で見事合格し、今は地方にあるキャンパスで一人暮らしをしながら学んでいます。

今でもオンラインゲームで、高卒支援会のときの仲間とゲームを楽しんだりしているようです。それでも、大学で農業を学ぶというしっかりとした目標がありますから、心配する必要はなさそうです。

ＮＴＴｅ-Ｓｐｏｒｔｓの協力

佐藤渉太くんたちが立ち上げたｅスポーツ部は、２０１８年秋から始まり、最初は家に帰ってから、各自のパソコンからオンラインで行っていました。

それが急速に本格的な活動になったのが、２０２０年の秋です。

私、竹村の高校のときの友人、菊池桂多さんと、たまたま雑談していたところから、急発展しました。当時、本格的にｅスポーツ部の活動をするために、いい場所はないかと探しているところでした。いろいろと調べていましたが、雑居ビルの中にあるゲームセンターのような場所ばかりで、これだ、と思える場所はなかったのです。

それが、たまたま菊池さんと話していたところ、菊池さんは、勤めているＮＴＴ東日本の中でも、ｅスポーツを担当していることが分かりました。しかも、２０２０年８月に秋葉原でオープンしたばかりの本格的なｅスポーツの施設、「ｅＸｅＦｉｅｌｄ Ａｋｉｂａ」の担当だったのです。

早速、菊池さんを通して、ＮＴＴｅ-Ｓｐｏｒｔｓの副社長、影澤潤一さんと連絡を取り、協力していただけることになりました。

影澤さんは、大学時代から自分でゲームをするだけでなく、ゲームのコミュニティを作る活動をしていて、ゲームの攻略サイトを立ち上げたり、秋葉原や幕張、東京ビッグサイトなどでゲームのイベントを開催して、のべ3万5000人を動員するなど、ゲーム界では有名人でした。NTT東日本に入社後も趣味で続けていたそうですが、2018年にNTTが組織を横断した新ビジネス企画を立ち上げることになったときに、影澤さんがeスポーツのプロジェクトチームを立ち上げました。2020年には、株式会社NTTe-Sportsを設立、代表取締役副社長に就任しました。

影澤さんは、「NTTのイメージとeスポーツのイメージがかけ離れていると思われるかもしれませんが、通信とゲームは親和性があると以前から思っていました。また、NTTのミッションの一つは、地域の活性化です。地域の課題を解決する、社会課題を解決することが、私たちの使命です」と話します。

「eXeField Akiba」は、秋葉原の再開発でできた最新のビル「秋葉原UDX」内にあり、最先端のICTと最新の機材が揃っています。全てデジタル化され、IP制御されています。通信環境も試験的に5Gを導入していて、この規模で日本でフルIP化してい

NTTe-Sports 影澤潤一副社長

る場所はほかにありません。ゲームをするパソコン本体のスペックも高く、ＹＡＭＡＨＡの音響や照明もあり、配信設備も整っています。

影澤さんは「ここから全国をつなぐことができます。最大10Ｇｂｐｓの速度で、ゲームだけでなく、オンラインイベントもできます。東京ゲームショウ（１９９６年から続く世界最大のゲームの祭典）の公式番組はここから配信していますし、ストリーマー（ライブ形式で映像配信をする人。配信するのはゲーム実況や音楽演奏、ＤＪプレー、雑談など多岐にわたる）のファンミーティングをしたり、ビジネスセミナーをしたり、使い方はいろいろです。ここから新しいことを作るチャレンジをしていきたいと思っています。ｅスポーツによる新しい文化、新しい社会の創造を目指しています」と意気込みを話します。全国各地のeスポーツをやりたい人たちをつなぐ中心地になるだけでなく、地域活性化の目的でeスポーツの施設を作りたい自治体や企業のためのショールームも兼ねているということです。

こうして強力なサポートを得られることになり、特にお客さんが少ない昼間の時間に有効に使ってもらおうということで、2020年11月から週2回、平日の午後にeスポーツ部のメンバーで「eXeField Akiba」を使わせていただいています。午前中にしっかり勉強をしてから、午後は秋葉原に移動して、みんなで大会に出場するための練習をします。

生徒たちがここで活動することについて、影澤さんは、「うちとしてもeスポーツの教育に力を入れたいと思っていました。家でもオンラインでゲームはできるかもしれませんが、外に出て、人とコミュニケーションをとりながらやることが大事です。このような環境で生徒さんたちが楽しめるならうれしいですね」と話します。

実際にカフェが併設されていて、軽食もとることができます。みんなで食べながらゲームのやり方について話したりしているのも楽しそうです。ただ一人で画面に向かうだけではなく、作戦を練ったり、お互いに声をかけ合ったりして、協力しながらチームプレーをするこ

eXeField Akibaで活動する生徒たち

とが大事なのです。

先ほど例に挙げた佐藤渉太くんのほか、7章で高校生インターンの訪問支援（アウトリーチ）によって復活したエイタくん、現在中学3年生のキョウヤくんなどが、これまでにここで活動してきました。

「正直に言うと、元不登校やひきこもりの子がいると暗い雰囲気にならないか、という社内の意見もありました。しかし、生徒たちに会ってみれば、それは全く違うことがすぐに分かります。挨拶もしてくれるし、ぱっと見から元気で明るく、時々盛り上がりすぎてうるさいとスタッフから怒られていることもあるくらいです」と影澤さんは微笑みます。

「ゲームは不登校やひきこもりの原因と言われがちですけど、本当は逆ですよね。好きなことが見つけられて、ゲームを通じて人生のプラスになる場合もあります。ここに来ることで、社会に出るタイミングが早まって、彼らの今後の人生にプラスになればいいなと思います」

また、影澤さんは、こうした活動がキャリアパスの一つとして認められる社会にしたいと言います。

「昔は音楽やアニメの業界を目指すというと、親から反対される時代でした。今はそれがゲームにとって代わったと思います。子どもがプロゲーマーになりたい、と言ったときに、どうするか。仮になれなかったときのことも考えて一般的なキャリアを選べる道を残しながらも、やらせてあげられる社会になるといいですね。ゲームをやっていても、ダメと言われない、ゲームをすることが当たり前で、後ろ指をさされない社会にしたいですね。少し前までは、趣味がゲームと世間に言える雰囲気ではありませんでした。それがeスポーツとしてメディアに取り上げられるようになって、全くイメージが変化しました。華やかな世界と思われることもあります。ゲームは体も鍛えられないし、勉強にもならない、という世間のイメージでしたが、それが変わりつつありますし、変えていきたいと思っています」

オンラインゲームは「昔のゲーセン」

私の友人で「eXeField Akiba」を担当している菊池桂多さんも、生徒たちとeスポーツを結ぶ大きな役割を果たしてくれています。

私と同じ高校でよく一緒にゲームセンターで遊んでいた仲間だったのですが、5～6年前に久しぶりに連絡を取り合い、2人でゲームの大会に出るなどしていました。そのうち、私が生徒たちとも一緒にゲームをやるので、自然に生徒たちと菊池さんも一緒にゲームをやるようになったのです。佐藤渉太くんとモトヤくん（前著に登場する元不登校で現在大学生）、私と菊池さんの4人でゲームをよくやっていました。最近ではキョウヤくんがボイスチャットにはまって、ゲームをしながら話すので、菊池さんとも、とても仲良くなったのです。

菊池さんは「昔はゲームセンターで仲良くなってコミュニティができたりしたのですが、今はネットでコミュニティができるようになりました。オンラインゲーム上では、年齢も関係なく仲良くなれます。僕もキョウヤくんのことはゲームのプレーヤーネームしか知りませんでした。それが、eスポーツ部として、ここ『eXeField Akiba』に来るようになって、初めて会いました。竹村さんから元不登校とは聞いていましたが、会ってみて、本当に普通の子だなと思いました」と話しています。

菊池さんは、当会のイベントにも参加してくれて、生徒たちとコミュニケーションを深めてくれています。高尾山の夜の登山イベントでは、ムササビが飛ぶところをみんなで見ることができて、とても盛り上がりました。

菊池さんは「僕自身は子どもの頃に少年野球のチームに入っていて、そのコミュニティが成長するときの糧として、とても大きかったのです。このeスポーツ部も、そのようなコミュニティの一つになったらいいなと思います」と話しています。

このように、「eXeField Akiba」では、多くの大人たちに支えてもらって、eスポーツ部の活動ができています。

また、2021年3月の当会の卒業式でも、この場所を貸していただき、最新の設備の中で卒業していく生徒たちを見送ることができました。本当に感謝しています。

7章で復活したエイタくんも、この「eXeField Akiba」でeスポーツに熱中している一人です。これによって復活した様子も、朝日新聞で報道されています。

エイタくんは、「プロゲーマーを目指しているわけではなくて、部活として楽しんでやっています」と話します。「eスポーツは単なる遊びとは違って、頭を使います。うまくなるためにはどうすればいいか、自分に合うやり方を自分で見つける必要があるから、思考力が必要だと思っています。eスポーツは遊びの延長と思われがちだけど、そこが全然違うんです。家で一人でゲームをやるのと違って、ここ『eXeField Akiba』だと、仲間と顔を合わせて作戦を立てたり、反省会をしたりできるのがすごくいいです」。

大会出場に向けて、毎日が充実しているようです。

ゲームと勉強の両立

エイタくんと一緒にチームを組んでやっているのが、中3のキョウヤくんです。キョウヤくんの立ち直りにも、ゲームが大きな役割を果たしました。

【キョウヤくん】（現在中学3年生。中1の9月から不登校になり、2月から当会に通うようになった。ゲームのやりすぎで朝起きられず、午後からしか登校できずにいたが、eスポーツ部の活動をやるようになって、規則正しい生活になり、勉強もするようになる）

キョウヤくんは「僕は何でもガツガツいっちゃうほうなんです」と自分で言うくらい、積極的な男の子です。しかし、それが災いして、中1のときに友達とケンカになり、仲間外れにされました。友達になりたいと思って話しかけても、相手からは勝手に話に入り込むと思われて、仲間外れにされたといいます。学校に行っても、教室に入れなくなり、小さい別室で一人で勉強していました。自分を仲間外れにした男子がキョウヤくんの給食を運んできて、「明日から教室来いよ」と声をかけられました。しかし、その日を最後に、キョウヤくんは学校に行かなくなりました。9月の半ばのことでした。

それからは家にひきこもってずっとゲームをする生活になりました。心配したお母さんがゲームを取り上げてからは、ゲームもできず、テレビもB-CASカードを抜かれて見られなくなり、ずっと本を読んで過ごしていたそうです。

9月末には、お母さんが杉浦の前著を読んだのをきっかけに、お母さん一人で当会に相談に来ています。別室でいいから学校に行ったらどうかとお母さんに提案しましたが、「本人は、別室登校は嫌いで、みんなと同じ教室に行きたいけどできない状態なのです」という返事でした。その後、家庭で話し合ってもらいましたが、当会はキョウヤくんの自宅から遠く、電車に乗らなければならないため、「面倒くさい、遠い」と本人が行くのを断固拒否しているとのことでした。

その後、キョウヤくんの自宅近くにある不登校の生徒のための中学校が2月に追加募集することを知り、応募したのですが、結果は不合格でした。グループワークと面談があって、感触も良く、本人は合格できるだろうと思っていたので、かなり落ち込んでいたようだったと、お母さんが当時を振り返っています。私たちも不登校専門の学校なのに不合格があるのかと驚きましたが、キョウヤくんは活発な性格なので、周りの静かな子たちと合わないと判断されたのかもしれません。

そこで、藁《わら》をもすがる気持ちで、当会に体験入学を申し込んだそうです。2月6日に初めて当会に来て、同世代の生徒たちとゲームの話ができたことから、2月末から入会することになりました。すぐにスキー合宿があったので生徒たちと少しなじむことができ、お母さんが毎朝登校に付き添ってくれたので、なんとか通っていました。また、入会するにあたって、「毎日行くなら、iPadを買ってあげる」とお母さんに約束して買ってもらったので、最初は頑張って毎日行こうとしていたのです。

しかし、そこでコロナによって休校になってしまいました。最初の緊急事態宣言のときです。当会もオンライン授業になってしまいました。少しずつ登校リズムができ始めたところだったのに、また、ひきこもりのような状態に戻ってしまったのです。オンライン授業にもあまり参加せず、またｉＰａｄでゲームばかりやる日々となってしまいました。ゲームに課金して、15万円も使っていました。6月には水道橋校に移って、授業も再開しましたが、あまり登校できません。お母さんが登校の付き添いをやめてからは、ますます登校が不安定になりました。ゲームにのめり込んで夜中までやっているので、朝起きられないからです。登校するのが午後2時や3時になってしまうことが続きました。そこで、朝11時までに登校しなければ、ｉＰａｄを預かることにしました。遅刻したら没収する、ちゃんと来たら返す、こうしたことを半年くらい繰り返しました。ときには高校生インターンのカイトくんにお迎えに来てもらい、合宿やイベントなどを通して友達と仲良くなったりすると、だんだんと朝11時までに来られるようになってきたのです。

そんなタイミングのときに、ｅスポーツ部が「ｅＸｅＦｉｅｌｄ Ａｋｉｂａ」で活動することになりました。キョウヤくんは早速興味を示し、体験しに行きました。しかし、ルールを守れなかったため、次回からは参加させないことになりました。すると、「どうしたら僕も『eXeField Akiba』に行かせてくれるんですか」と毎日私（竹村）に聞いてきました。そして「次回は絶対行きたいから勉強もします」と宣言したのです。

同時に、eスポーツ部でゲームをしている生徒たちが、みんなパソコンでゲームをしていて、毎日のように楽しそうに話しているのを聞いて、「僕もeスポーツができるゲーム用のパソコンが欲しい」と言い始めました。

そこでお母さんと2人で話し合ってもらい、毎日10時半までに登校すること、私が指定した英語と数学の範囲を毎日やること、この2つを約束して、誕生日プレゼントとクリスマスプレゼントとお年玉を全部合わせた分として、ゲーム用パソコンを買ってもらいました。お母さんは、「キョウヤがゲーム用パソコンの話をしていたら、それまで一度も話したことのない子が話しかけてきてうれしかった、パソコンを買ってもらえば、友達もできて、一石二鳥だと言われて、これは買わないわけにはいかないと思ったのです」と話しています。

それからのキョウヤくんは、別人のように頑張り始めました。ノートの取り方が汚かったので、ノートの書き方も指導すると、やる気が出始めて、個別授業もとりたい、と言うようになりました。

プロゲーマーになりたい生徒のために

最初は「プロゲーマーになりたいから、勉強はしなくていい」とキョウヤくんは考えていたのですが、私が、それがどれだけ大変なことかを教えました。野球をやっている子どもがプロ野球選手になれる確率は約０・０２％と言われています。同じようにプロゲーマーになれるのも、同じ確率か、それよりも低いでしょう。プロゲーマーになりたい人が１０００人、いや１万人いても、１人なれるかどうかわからないくらい、成功する確率は低いことを教えました。すると、反論できなくなり、勉強もやっておこうという気持ちになったのです。

以前は、「僕は勉強は家でやるほうがいいから」と言って、登校しても遊んでばかりいて勉強しなかったのですが、ｅスポーツを始めてからは勉強するようになりました。集中力が高いので、１時間くらいは黙々と勉強しています。プロゲーマーになれたら、アメリカなど海外に行ってゲームをしたいという夢があるので、英語に力を入れています。

キョウヤくんは、「家でもＤｉｓｃｏｒｄを使って、友達としゃべりながらゲームできます。でも、やっぱりみんなと直に会って、一緒にゲームがしたい、仲間がいるのがうれしいんだ、って分かりました」といいます。

最近は落ち着いてきて、どんどん成長しています。

私たちは、プロゲーマーになるのをむやみにあきらめさせているわけではありません。まだまだ可能性はあると考えていますが、ｅスポーツには戦略要素が多いので、経験値も必要になってきます。韓国のトッププロなどを見ていると、21歳がプロゲーマーのピークだと感じるので、中２〜中３でいかにゲームの技を鍛えるかが重要だと思っています。

プロゲーマーになりたい生徒のためには、ｅスポーツコースも設置しています。この部活動を通して、中学生や高校生向けの大会へ出場したり、プロへ向けて選手育成を行っていきます。また、コーチングの手法を取り入れた「ｅスポーツコーチング」をしています。ゲーム内の戦績ランクが一定以上で高いゲーミングスキルを持つ生徒が、ｅスポーツコーチとなり、友達目線だからこそ分かる細かい部分までアドバイスして、一緒に勝利を目指していきます。

ただ、それでも、プロになれない確率のほうが高いので、なれなかったときにも社会で生きていけるように、同時に勉強にも力を入れるようにしています。そこが大きなポイントだと思っています。

第10章

規則正しい生活を確立するための方法——生活改善合宿

昼夜逆転を直すための合宿

7章で見てきたエイタくんのように、登校ができてからスムーズに登校日数が増える場合は良いのですが、なかなか順調にいかない場合も多くあります。

その原因の第一に挙げられるのが、やはり、規則正しい生活を確立できないことです。ひきこもりになった子どもたちの多くが、昼夜逆転の生活になっていきます。逆に朝起きられないというところから、不登校が始まり、ひきこもりになる子も多くいます。この生活を直さないと、立ち直りのステップを順調に進められません。アウトリーチ支援を受けて、徐々に登校できるようになっても、最初の頃は気合いが入って登校できるかもしれませんが、慣れてくると、また朝寝坊したりして、結局、また休みがちになってしまうこともあります。

ですから、立ち直るための全ての基盤は、規則正しい生活にあるのです。

そこで、当会で行っているのが生活改善合宿です。順調にいかない生徒の場合には、面談してよく話し合って、生活改善合宿に行ってもらいます。

前著でも、ユウキくん（4章で、コロナ禍のリモートワークで復活して会社を設立）や、コウタくん（3章で、コロナ禍の大学のオンライン授業で友達ができず、鬱気味になったところ、当会のインターンの活動を通して元気に）が生活改善合宿に行って立ち直った様子を細かく紹介しました。

コロナ禍でも同じです。2章で紹介したリョウタくんやシュンくんが立ち直ったのも、生活改善合宿でした。2人がどのように立ち直ったかを紹介していきます。

【リョウタくん】（厳しい両親のもとに育ち、小学校受験、中学受験をさせられ、高校生になると勉強についていけなくなり、高1の10月から不登校になり、部屋にひきこもる）

最初に相談があったのは2020年の3月20日でしたが、コロナ禍のため、オンラインで面談をしました。お父さんお母さんと、リョウタくん本人も一緒に面談するということになっていましたが、リョウタくんは昼夜逆転していて、寝ていました。寝ている姿をオンラインで見せてもらい、どんな子なのかを確認しました。この時点で、高1の取得単位はゼロ。このままでは留年しても登校する見込みもないので、急いで、通信制高校に書類を出してもらい、転校の手続きをしました。改めて高1から通信制高校でやり直すことにしたのです。

通常なら、すぐにでも訪問支援を開始するのですが、コロナ禍で最初の緊急事態宣言が出ていたので、できません。ようやくスタッフの根本が訪問できたのは、宣言が明けてすぐの5月29日でした。

根本が家を訪問すると、リョウタくんは音楽を流しながらシャワーを浴びていました。根本が来ることを両親はリョウタくんに伝えたと言っていたのですが、1時間くらい出てきません。後になってから聞くと、イヤホンをつけていたから、親が言ったかもしれないけど、聞いてなかった、と話しています。シャワーから出てくると、いつもと違う気配があり、誰か知らない人が来ていると感じて、リョウタくんはトイレに駆け込んで閉じこもりました。仕方がないので、その間に、リョウタくんの部屋をチェックしました。リョウタくんはどちらかというと潔癖症に近いところがあり、散らかっていませんでした。

お父さんお母さんは、杉浦の前著を読んでいたこともあり、「客観的に見て、ひきこもっている原因は私たちにあると思っています。今まで厳しくやりすぎていました」と反省していました。塾に入るまで監視したり、足をねんざしていると言っても信じないで無理矢理ラグビーの練習に行かせたり、最後までちゃんと話を聞いてあげていなかった、信じてあげていなかった、と後悔していました。結局この日はリョウタくんに会えずに終わりました。

6月5日、2回目の訪問に根本が行くと、今度は自分の部屋でイヤホンをしながらうつむいた状態でゲームをしていました。半年ほどひきこもっているので、髪も髭《ひげ》もぼうぼうに伸びています。潔癖症気味なので、床に直に触れることが嫌で、長袖長ズボンに靴下をはいています。ずっと家の中にいるのに、1日10回は手を洗うということでした。昼夜逆転して、夜中にカップ麺1日1個と野菜ジュースを飲むだけの生活だったので、ガリガリに痩せていました。

こんにちは、と声をかけましたが、何も反応はありません。2〜3分ほど話しかけ、床に座っていいか尋ねると、黙ってうなずきました。5分ほど何も会話をしない状態が続いた後、リョウタくんは自分からイヤホンを外しました。そこで、「何のゲームをやっていたの？」と話しかけ、ゲームの話を5分ほどしました。大きな拒否反応はありませんでした。

のちにリョウタくんはこのときのことを、「親が嫌だったから、親さえいなければ、反抗的な態度をとるつもりはなかった。根本先生とは普通の雑談みたいに話せた」と話しています。

根本はリョウタくんの様子を見て、親のことをどう思っているのか、どうして学校に行かなくなったのかを聞きました。リョウタくんは、お父さんは怖いイメージが強いから全く話していない、お母さんとは何を話しても無駄、と言い、親との溝が深いことがうかがえました。ただ、学校に行かないことについては、「自分が勉強についていけなくて、行くのが面倒くさくなったから。自分のせいで、親は関係ない。親のせいにするのは甘えだから」と、きっぱり言ったのが、印象的でした。

その後、進学校に行っていたのは親の方針で、自分はこだわりがない、大学に進学するつもりもない、と自分の考えをはっきり伝えてくれました。

根本から、現状では通信制高校に在籍していることを伝え、特に高校にこだわりがないのなら高校卒業の資格は取ろう、ということでリョウタくんも了承してくれました。

半年以上ひきこもっていたこともあり、体力に自信がなく、お母さんのご飯もしばらく食べていないということだったので、最初の目標は、毎日でなくてもいいので、なるべくお母さんのご飯を食べて食生活の偏りをなくし、体力をつけて、規則正しい生活を心がけよう、ということを話しました。話し合いの終盤にはリョウタくんから笑顔が出ることもあり、順調にいきそうな兆候がありました。

3回目の訪問では、教室の様子などを話して、7月の始めにはインターンの生徒にお迎えに来てもらって、一緒に登校できました。ただ、登校できたのは月に4～7回と登校日数はあまり増えません。ひきこもっていたときに、夜7時に起きて朝8～9時に寝るという昼夜逆転の生活をしているので、それがなかなか直らないのです。朝登校できていないのでLINEや電話で連絡しても、結局来ないことが多く、やっと登校しても遅刻で、早い時間に来れることはほとんどありません。平均すると12時前後の登校でした。

そこで、根本や私（竹村）と話し合って、生活改善合宿に行くことになりました。この頃、リョウタくんは親が嫌なので親元を離れて一人暮らしをしたいと言っていました。しかし、今のような生活では、親も納得して資金を出してくれるはずがありません。本当に一人暮らしをしたいのなら、まずは生活習慣を直さないとダメだ、そのためには、生活改善合宿に行くしかない、と説得したのです。

ユーチューブを見てたら朝の4時に……

【シュンくん】（親の転勤に伴い、地方の国立大学附属中から、首都圏の進学校に入学。スクールカーストがある学校が嫌になり、不登校に。アニメやライトノベルが好きなのに、オタクと思われてしまうので、自分を出せない状況も辛かった。高校卒業資格を取って、いず

れは大学には行きたいので、通信制高校に転学して、サポート校として高卒支援会に通う）

高1の6月から4カ月にわたって部屋にひきこもっていたシュンくん。2019年10月に最初の訪問支援を受けて、10月の終わりには体験授業で当会に初めて登校したものの、なかなかなじめずにいました。それが、12月の球技大会のイベントでみんなと仲良くなり、すっかりなじんできたように思われました。しかし、その後コロナ禍となり、緊急事態宣言下で休校になると、オンライン授業にもあまり出てくれなくなりました。宣言が解除されて、教室を再開した後も、週に1～2回来るか来ないかという状況です。スタッフが何度も電話をしたり、面談をしたりして、登校を促しましたが、昼夜逆転の生活が直らず、なかなか来られません。「ユーチューブを見てたら朝の4時になっちゃって、起きられない」などと何かしら言い訳をして、来ても午後1～2時に登校してくる状態でした。

家での態度も問題でした。お母さんが朝起こしているのに無視して、朝ご飯を用意しても食べないことがほとんどでした。

シュンくんは大学進学を目指しているのに、このままでは、たとえ合格したとしても、生活習慣ができていないので、結局大学に通えなくなってしまうことは目に見えています。

このままでは立ち直れない状況にあること、今直さないと、将来にわたってひきこもり状態が続いてしまう危機にあることを、面談して説明しました。シュンくんも、「オレ、相当ヤバいんじゃないかと、危機感を感じて、生活改善合宿に参加することにしました」と話しています。

生活改善が必要なタイミング

生活改善合宿とは、不登校・ひきこもりを直すために一番大切な、規則正しい生活習慣を身に付けるために行う合宿です。登校しているうちに、自分で生活習慣を立て直すことができる生徒はいいのですが、できない生徒もいます。自宅でお母さんが起こしてくれたりご飯を用意してくれたりという環境では、甘えがあって、なかなか生活習慣を立て直すことができません。

こうした生徒が生活を改善するために、以前はスタッフの家に泊まり込んでもらったりしました。スタッフと夕方から夜を一緒に過ごして、しっかり夕食をとって早めに寝ると、翌朝は早く起きることができます。しかし、毎日スタッフの家に泊まるわけにもいかないので、結局、すぐに元の乱れた生活に戻ってしまうのです。

そこで行うようになったのが、生活改善合宿です。規則正しい生活習慣ができない生徒にとって、生活改善合宿はひきこもりから立ち直るためのステップ3の段階にあたります。

このステップの中で一番難しいのが、規則正しい生活にすること、登校ペースを上げて毎日登校できるようにすることなのです。生徒の気持ちが立ち直ってきても、実際に毎日登校ができないと自信を失い、精神的にまた、ひきこもりのときの状態に戻ってしまいます。

一番そうなりやすいのが、夏休み明けなどの長期休暇の後です。大人でも休み明けは仕事に行きたくないなと思ってしまうこともあるくらいですから、ひきこもり傾向だった子はなおさらです。子どもの自殺が多いのも、夏休み明け前後ですから、非常に重要な時期なのです（ちなみに、当会ではそうした事情も踏まえて、夏休みは10日くらいと短く設定しています）。

こうした状況を鑑みて、当会では、ゴールデンウイーク直後、夏休み明け直後など、生徒が登校できなくなる傾向のある時期に、生活改善合宿を行うことが多いです。ここでしっかり対策をすることが重要です。休み明けに登校ペースが順調にいかない生徒を指名して、合宿に行かせることもあります。どちらにしても、スタッフとよく話し合って、自分で行く決意をすることが重要になってきます。

生活改善合宿は、これまでのさまざまな試行錯誤やコロナ禍の状況を踏まえて、現在は学生インターンが企画しています。生徒の生活習慣を立ち直らせるきっかけにしつつ、学生インターン自身も生徒を引率し指導することで、成長していけるものになっています。

8月には明治大学に通っている学生インターン、山澤新太くんが企画した「群馬アウトドア企画」を行いました。

山澤くんは、都立高校で不登校になって中退後、通信制高校を卒業して明治大学に進学しています。あるとき、ゼミで使う不登校の資料を探していたら、杉浦の前著『不登校・ひきこもりの9割は治せる』を見つけたそうです。読んでみたら、当会が大事にしている①規則正しい生活、②自信をつけ自律する、③社会に貢献する、の3ステップと似たような道のりを歩んできたと感じたそうです。と同時に、いまだに自分が完全にひきこもりを脱出したと自信を持って言えないのは、③の社会貢献の部分が足りていないからなのではと思い、インターンに応募した、という経緯があります。

「自分が高校を辞めて通信に行ったときは、人生終わったと思っていました。未来が全く見えなかったし、自分なんて出来損ないで、人よりものすごく劣っていて、ほとんど価値のない人間だと感じていました。そんな中で、自分のことを信じてくれる大人やいろいろな境遇の友達と出会って、少しずつ自分は自分でいいのだと思えるようになったのです。だから、今度は自分が同じような悩みを持っている子どもたちを応援してあげたいのです。生徒たちを否定せずに受け入れて、自ら変わっていくのを促してあげたいと思います。自分自身を受け入れるには、まず誰かに受け入れられる経験が必要だと思うからです」

と山澤くんは話しています。

この生活改善合宿に参加したのが、前出のリョウタくんとシュンくんです。2人とも朝早いのが面倒くさい、行きたくないなどと最初は渋っていましたが、私（竹村）や根本から参加するように説得して、最後は行くのを決めてくれました。

群馬合宿1日目

8時30分、池袋駅に集合して、今回はレンタカー2台、山澤カーと竹村カーに分かれて乗って行きます。グーパーで班を分けて、6人ずつに分かれて出発です。

出発前、リョウタくんに山澤くんが声をかけると、「普段、仲いい生徒がいないんで……」

とぼやいていました。楽しみではなさそうな雰囲気です。

シュンくんも普段から無気力タイプ。山澤くんが楽しみかと聞くと「正直、そんなにっす……」と言っていました。

そんな2人を山澤カーに乗せて出発しました。

山澤くんは「シュンくんは教室でも寝ている姿をよく見かけるので、朝早起きなのもキツいかなと思っていました。しかし、文句も言わず、車の中でも寝ずに、『眠そうな人の目が覚めて盛り上がる音楽をかける係』として活躍していました」と、報告しています。

行きの車の中では、当会に入ったばかりの生徒もいて、お互いに話したことのない状況だったので、ワードウルフというゲームをやって親睦を深めました。

ワードウルフとは、事前に自分にしか分からない状態でそれぞれお題（ワード）を与えられた後、みんなでそのお題について会話をして、その中で、みんなとは違うお題を与えられた少数派（ワードウルフ）なのか多数派（市民）なのかを当てるゲームです。みんなの会話をヒントに、自分がワードウルフなのか市民なのかを探っていくと同時に、自分と違うワードについて話している人を見つけなければなりません。そして、自分がワードウルフだと気づいたら、バレないように振る舞わないといけないのです。このゲームのいいところは、会話がないと成り立たないところです。みんな慎重に話す中で、会話をリードする人、うまい質問を投げる人、大胆な答えを言う人など、それぞれの性格が見えてくるのが面白いところです。このゲームを通して、少しでも会話が弾んで、仲良くなってもらおうという狙いが、山澤くんにあったといいます。

11時30分、赤城高原サービスエリアに到着して、各自ランチをとります。麺類を食べている子が多かったです。

ランチを食べた後に出発して、13時にパラグライダー場に到着しました。快晴で山も空もとてもきれいです。最初のアクティビティはバギーです。オフロードを走るので、汚れてもいい服や靴に着替えます。私有地なので、免許なしで運転できます。インストラクターの方がかなり丁寧に教えてくれるので安心です。

みんな着替えると、早速バギー体験開始です。チョッキ、ヘルメット、グローブ、レガースなどの安全防具をつけて乗り込みます。まずは、平地の練習スペースで基本的なバギー操作の練習をします。前進からのフルブレーキ、スラローム走行を行って、慣れていきます。練習を終えたら、本格的なオフロードコースへ出発です。全長900メートルの本格的なサーキットコースを走ります。急なカーブやフィッシュボーン（凹凸のある地形）、丸太が階段状に並べられている丸太コース、ジャンプなど、普通の道路では味わえないワイルドなコースに、みんな大はしゃぎです。

15時50分、バギー体験の後は、温泉に入ってバーベキューという予定でした。しかし、明日の天気が昼頃から崩れるということで、急遽《きゅうきょ》、翌日に予定していたパラグライダーを先に3人やることになりました。3人ずつしか飛べないということで、私（竹村）と生徒2人が先に体験することになりました。

バギー場よりもさらに上を目指して車で移動し、途中から電動トロッコに乗り換えて、山頂を目指します。山頂に着くと、素晴らしい景色です。パイロットからコースの説明を受けて、テイクオフ（離陸）の練習をします。体験したタンデムフライトは、パイロットと2人乗りなので安心です。

装備をしっかりと装着したら、いよいよテイクオフです。四角いパラシュートに空気を取り入れて、斜面を走ります。斜面の先は崖《がけ》なので、とても怖いのです。それでも、パイロットと一緒に走っていくと、しだいに足が地面から離れていき、気づいたら離陸して空を飛んでいます。街が自分の脚の下にある感覚があり、とても眺めが良く、気持ちがいいです。

この日に飛んだ2人の生徒も、気持ちいいと言って夢中になっていました。いつも見せない笑顔が見られて、楽しそうにしていました。
18時、この日のアクティビティを終了して、温泉に向かいました。疲れている生徒が多かったので、バーベキューをする班と、温泉で外食する班に分かれて行動することになりました。

このとき、リョウタくんが素晴らしいリーダーシップを見せたのです。

山澤くんがこう振り返っています。

「バーベキューを中止にしようという話になり、みんなが賛成している流れのなか、リョウタくんが『オレはバーベキューをやりたい』と言い、少しやりたそうな子たちを説得して、バーベキュー班を作ったのです。リョウタくんがバーベキューをやりたいという欲を持ち、それをただのわがままではなく、周りを巻き込んで、集団行動の輪を乱さずに実行している姿はとても頼もしかったです。バーベキューの最中も、主体的に動いていたり、下級生に指示を出していたり、リーダーシップを発揮していました」

山澤くんは、このパラグライダー企画の意図は、このような生徒の欲を引き出すことにあったと言います。

「自分もそうだったのですが、普段の生徒たちを見ていると、みんなで楽しく過ごす元気はあるけれど、何かを自発的にするなど、能動的な行動が少ない気がしていました。ひきこもる子の特徴として、無気力な子が多いと思います。その子が無気力な性格だということではなくて、欲を持っていないから無気力になるだけなんじゃないかと、僕は思っています。だから、何かきっかけがあって、あれをしたい、これをしたいという欲が生まれると、そのために必要な行動をし始めるのだと思います。そうすると見違えるように人が変わることがあるのです」

実際、山澤くんは、昔は極度の面倒くさがりで、休みの日は動くのが億劫で自分の部屋から出ないほどのインドア派だったといいます。しかし、大学でパラグライダーサークルに入って、その魅力にとりつかれ、今はパラグライダーのためにアルバイトを掛け持ちして、週末に空を飛ぶことを楽しみに生きているといいます。

「今まで空を飛んで感動しなかったという人を見たことがないんです。だから、生徒たちも空を飛んだら絶対に楽しんでくれるという自信がありました。今回の企画が、生徒の中で何かの欲につながってくれたらいいなという期待があったのです」

バーベキュー班には、シュンくんも参加していました。バーベキュー班は温泉をさっさと済ませてスーパーへ買い出しに行き、ロッジに戻ってようやく火をおこして食べ始めると、すでに21時30分をまわっていました。のんびり温泉に入って休憩してきた外食班がちょうど帰ってきて、ゲーム大会が始まったので、シュンくんがうらやましがるかな、と山澤くんは見ていましたが、バーベキューに夢中になっていました。いつもは無気力なシュンくんが夢中になっている様子が印象的だったと話しています。腹ペコだったでしょうが、よく頑張ったと思います。

群馬合宿2日目

6時、昼から雷雨の予報があったので、パラグライダーを体験していない生徒たちは予定よりも早く出発することになりました。先に出発する早起き組に志願したのが、リョウタくんです。前日もバーベキューの片付けなど遅くまでやっていたにもかかわらず、自ら志願してくれたのです。

竹村班はベランダから見送って、ラジオ体操です。

9時30分、竹村班が到着すると、パラグライダーで飛んでいる生徒たちが見えました。ち

ょうど着地のときに立ち会えたのです。リョウタくんがとても興奮していて、「めっちゃ楽しい」と繰り返し話していました。よっぽど感動したのでしょう。珍しく、同行していなかったスタッフの根本にまで、ＬＩＮＥで感動を伝えていました。

シュンくんも、「めちゃくちゃ景色キレイだったっす」と自分から山澤くんに話しかけていました。

山澤くんがシュンくんの様子をこう報告しています。

「飛ぶ前は緊張と楽しみが混ざった様子でしたが、体験した後は、どのくらいの時間が飛べるのか、一人で飛ぶライセンスを取るにはどのくらいかかるのか、などと質問してきてくれました。興味を持った様子だったので、パラグライダーやりたかったら明治大学に入ってサークル入ろうよ、と言ったら、『めっちゃ惹《ひ》かれています。受験のモチベーションができました』と言ってくれました」

17時、現地の温泉に寄っていく班と、早めに帰る班に分かれて帰りの途につきました。山澤カーの中では、最初はみんなで楽しくわいわい話していましたが、何人かが疲れて寝始めると、シュンくんの進路や勉強の相談に山澤くんがのっていました。竹村カーでも、高2の生徒の将来の進路について話したり、中学生たちは高校生になったらどうするか、話し合ったりしていました。

生活改善合宿では、こうした移動の時間や寝泊りする夜の時間にも、自分のことを話したり、将来のことを相談したりといった、普段の授業ではなかなかできない深い話ができることもあります。合宿を通して、自分のできたことに自信を持ち、友達やスタッフとの会話を通して自分を見ることで、そこに新たな気づきがあります。そこから、新たな目標を持ってスタートできる生徒も多いのです。また、友達と仲良くなって、その後の登校もしやすくなるのです。

合宿後の変化

その後、リョウタくんもシュンくんも登校日数が劇的に増えました。合宿を通して2人は仲良くなり、お互いに誘い合って一緒に登校するようになりました。

このくらいの年代は、仲間がいるということが、とても大事なのです。登校するのも、勉強をするのも、仲間がいるから一緒に頑張れるものです。一人では頑張れないのです。

シュンくんとはその後面談をして、明治大学に行くことを目標にすると確認しました。塾にも通って大学受験に向けて勉強しています。

今までは初対面の人とはあまりしゃべることができませんでした。人と話すのが怖かったそうです。それが、合宿を経験して、普通に人とコミュニケーションを取れるようになりました。今ではアルバイトもしています。

リョウタくんもその後、毎日当会に登校できるようになってきました。

もともとお坊ちゃま気質で、エリート感があり、できるタイプなので自信もあります。でも、留年しているという現実に体も頭も追いついていない状況でした。ただ、自分がミスしたらすぐに謝罪できるし、正しいと思ったことは最後までやる。そういう性格ですから、本人が一人暮らしを希望していて、親との溝が深いので、一度親から離れて一人暮らしをさせたほうがいいと、スタッフの間でも考えました。

そこで、現在は寮に入ってもらっています。当会のほかのメンバーと同じ寮です。自炊もちゃんとしてもらっています。肉じゃが、カレーなどを作って、証拠に写真を撮って、根本に送っています。面倒くさいときには、そうめん、素うどんのときもありますが（寮については次の11章で詳しく説明します）。

また、もともとお金に苦労したことがなく高級志向なので、食材でも何でも高いものを選んでいたのですが、今ではコストパフォーマンスのいいものを選べるようになりました。

週3回、マクドナルドのキッチンで、ハンバーガーを作るアルバイトをしています。時給1100円です。「正直、大変で、お金を稼ぐことがこんなに大変なんだと身に染みた」と話していました。

将来はプログラマーになろうと考えています。大学には行かず、自分で勉強して技術を身に付けて、プロのプログラマーとして活路を見出せるようになりたいと考えています。

両親も本人が決めたことなら、と応援してくれています。まだ、親と話せるようにはなっていませんが、今後、自律できるようになれば、親との関係も変化してくるでしょう。

小田原合宿1日目

もう一つ、青山学院大学の学生インターンの飯島嘉長くんが企画した生活改善合宿の様子を紹介します。5月の連休明けに行った「生活改善合宿in小田原」です。2泊3日でキャンプをします。生活習慣を立て直すために、朝のルーティーンワークの練習をして、自分で食事を作る指導や、自分の気持ちを整理して将来を考える時間を持ちます。

インターンの飯島くんは当会の卒業生です。不登校で高校を中退した後、当会に入会し、当会のすすめで海外に留学しています。その後、青山学院大学に入学し、自分の経験を同じような状況にある子どもたちが立ち直るのに役立てたいと、インターンをしてくれています。今回も、「生徒同士の交流ができない生徒もいて、私もそのような経験もあるので、助けになりたいと思ってこの生活改善合宿を企画しました」と話します。

飯島くんが今回の目標（ゴール）としたのが、次の5つです。

① 規則正しい生活を送り、生活を見直す
② 自然の中でのハイキング・飯盒炊飯《はんごう》を通して、自信、体力と自律を得る
③ これまでの環境から切り離して自分の生活リズムを作り直す
④ 自分の価値観と心を知る
⑤ 集団行動や協調性のトレーニングをする

これに3人の生徒が参加しました。高1のテツくん、高2のクニアキくん、ケンジくんです。テツくんは当会に入会したばかりの頃は、お迎えでようやく来れるくらいの状態が続いていました。少しずつ登校できるようになったものの、なかなか順調に登校日数が増えないので、参加してもらいました。合宿に行くのをかなり嫌がっていましたが、説得して、最後は根性で参加を決めてもらいました。

朝11時、新宿駅に集合です。テツくんとクニアキくんとインターンの飯島くんの3人で電車に乗って小田原へ向かいます。ケンジくんはアルバイトがあるため、夜から合流というこ

とになっています。

行きの電車では、話しながら行きましたが、テツくんの表情が硬くて、飯島くんは心配になったといいます。小田原駅からバスで20分行くと、キャンプ場に到着です。管理棟は木のいい香りがするコテージで、人も多くなく、景色も良くて、ベストタイミングでした。

クニアキくんはキャンプ経験が豊富ということで、クニアキくんに教えてもらいながら、みんなでスムーズにテントを設営できました。テツくんは初めてのテント設営で、面倒くさがらずに手伝ってくれていましたが、「はい」と返事をするしか反応がなく、まだまだ自分を出せていない状況でした。

そこから買い出しです。2人に任せて状況を見守っていると、クニアキくんは買いたいものをどんどん買い物かごに入れていくのですが、テツくんはレシピを見ながら考えています。

飯島くんは、「テツくんは、2～3の選択肢を与えれば選べるのですが、自分で考えて決めるのが苦手なようです。テツくんは、自分は何が好きで何が嫌いか、何ができて何ができないかが分かっていなくて、それが不登校にもつながるんじゃないかと思いました。受け身ではなく、もっと積極的に能動的に楽しんでほしいです」と分析していました。

スーパーから帰ると、いよいよバーベキューです。薪に火をつけ、クニアキくんが買ったものをどんどん焼いていきます。その間も、テツくんは静かにしていました。なかなか自分を出せないままでいました。

食事後は片付けをして、ミーティングをしました。今回はインドヨガ呼吸法を取り入れた瞑想をやってみました。飯島くん自身、不登校で体調の悪いときに、よく瞑想をしていたそうです。自分の呼吸に集中して、自分の考えていることや周りの音を聞き流すようにすると、自分の心の状態を客観的に把握できるようになったということです。

この後、アルバイトで遅れてきたケンジくんが合流しました。みんな疲れていたようで、22時に就寝しました。

小田原合宿2日目

夜中から雨が降ってきたので、朝食はテントの中で作って食べました。パン、ソーセージ、スクランブルエッグをみんな完食です。

何よりみんな6時に起きていたのが驚きでした。普段はなかなか朝起きられないのに、スマホやゲームがなければ、みんな早寝早起きができるのです。キャンプで体を動かせば、疲れて早く寝られるし、お腹もすくので、いい生活リズムができるのです。

この日は自由行動の日として、どこに行くか、何をしたいのかを自分たちで決めてもらいました。クニアキくんがリーダーシップを発揮して、なかなか話さないテツくん、ケンジくんに質問しながら決めていました。3人で決めた行先はスーパー銭湯でした。

小田原のスーパー銭湯では、浴衣を着て、大浴場に入り、サウナも楽しみました。だんだんリラックスしてきたようで、クニアキくんやテツくんからも笑顔が見られました。ケンジくんは表情には出しませんが、心地いいと感じている雰囲気でした。お昼ご飯をそこで食べると、次は夕食の買い出しです。何を作りたいか、何が必要かを調べながら買い物に行きました。合宿では調べもののときだけスマホの使用を許可しています。

みんなで決めたメニューは、焼きそばでした。最後は奮発しようと、魚の干物やイカの干物もたくさん買いました。ドン・キホーテで買い物をして、またバスに乗ってキャンプ地へ戻ります。

そこからが問題でした。キャンプ地に着くと、クニアキくんが「ケンジくんが面倒くさいやつだから、一緒にやりたくない」とごね始めたのです。ケンジくんも「そんなこと言われるくらいなら帰りたい」という態度で、険悪な状態になってしまいました。

飯島くんは見守っていましたが、「ケンジくん、火おこしをお願いするよ」と頼みました。クニアキくんには、「ケンジくんは決して悪いやつじゃないよ。とにかく信用して炭の管理を任せよう」と見守るようにアドバイスしました。

飯島くんはこのときのことを、「ケンジくんを何とか理解したい、コミュニケーションをとりたいと思って擁護していましたが、とにかくケンジくんを信頼するしかないと思ったのです」と言います。

しばらくの間、何も言わずに、ケンジくんが火おこしをするのを見守っていました。すると、変化が起きたのです。

ケンジくんの雰囲気が変わったのです。ずっと帰りたいという雰囲気だったのが、静かな安心感が垣間見られるようになりました。

飯島くんは、「ケンジくんが心を開く鍵は何か、ずっと探っていましたが、正に信頼して任せることが大事だったのです」と振り返っています。

その後は、全くしゃべらず、反応もなく、表情も出さないケンジくんが、少しずつ声を出してくれるようになりました。火おこしを自分でできたという自信が、きっかけになったのです。

その後、焚火を囲みながら、自然とそれぞれの生い立ちや悩みを話すようになりました。話していくうちに、テツくんは今抱えている悩みや将来への不安を話してくれました。

飯島くんは「自分自身を見つめるために、いろいろな体験をして、いろいろな価値観を持つ人と付き合うことが大事だよ。毎日高卒支援会に通って、放課後もクラスメイトと遊んだりしたらいいよ。とにかく自分を知ること。自分を観察して、自分がどう思って、何をしたいのか俯瞰してみてごらん」とアドバイスしたそうです。

この後、テントの中で映画を観たりして、翌日の3日目に帰途につきました。

このキャンプの後、みんな少しずつ変わりました。

テツくんはひきこもりで昼夜逆転した状態だったのを親が心配して、当会に通い始めました。なかなか登校できず、学生インターンがお迎えに行ってようやく登校している状況でした。しかし、この合宿を機に、調理師になりたいという目標を持つようになりました。また、eスポーツコースに入り、仲間たちとeスポーツの大会出場を目指して頑張っています。まだまだうまくいっているわけではありませんが、少しずつ良くなってきています。

クニアキくんは体調不良を理由に休むことが多かったのですが、それは今もあまり変わっていません。しかし、将来はラジオのプロデューサーになりたいと目標を決めて、今は日本大学芸術学部を目指して、勉強をするようになりました。まだまだ登校日数は多くありませんが、これからも見守っていきます。

ケンジくんは両親との溝が深く、自宅が遠かったのもあって、当会の寮で生活しています。アルバイトは休まずにきちんと行くのですが、当会の出席日数は少なく、寮へ根本がチェックしに行っても逃げ出して登校したふりをしたりしていました。合宿を経てからも出席日数は増えていないので、引き続き支援が必要な状態です。しかし、ほとんどしゃべらず、感情も顔に出さないケンジくんですが、「物書きになりたい」という夢を話してくれるようになりました。コミュニケーション力はあまりありませんが、文章にすることで、少しずつ自分の内面をアウトプットできているようです。

合宿を経て劇的に変化できるわけではありませんが、変わるきっかけになっています。

第11章

自律した生活のために――一人暮らしのすすめと、親の覚悟

寮生活の支援

ここからは、再び杉浦が説明していきます。

10章では、生活改善合宿の様子を詳しく述べましたが、このような自律するための練習をする生活改善合宿の一環として、以前から寮での一人暮らしを支援しています。

２０１６年に当会に通っていたタカヒロくんのケースが最初でした。

タカヒロくんが住んでいた家は、都内のオシャレな住宅街の一角に建つ豪邸で、ホテルかと見まがうほどの広さと豪華さでした。部屋には趣味のマンガがずらりと並べられ、まるでマンガ喫茶のようです。

タカヒロくんは私立の進学校に通っていた中１から徐々に学校を休みがちになり、中３で当会に相談に来ました。スタッフの根本が訪問支援を開始しましたが、家の居心地が良すぎて、全く部屋を出る気配がありませんでした。このように家の居心地が良すぎる場合、親が甘すぎる場合は、なかなか立ち直りが難しいのです。黙っていても3食出てきて、好きなことし放題。それでは外に出るわけがありません。そこで、スタッフで相談して、家から出てウイークリーマンションで生活してもらうことにしたのです。

スタッフも一緒に住み込み、朝からスーパーに一緒に行って、食材を買い、朝食、昼食、夕食の3食をきちんと手作りさせてから、当会に登校するように指導していました。

しかし、ウイークリーマンションだと、人数が限られ、WiFiもあって、友達の家に行くくらいの感覚しかありません。それではきちんと立ち直るには難しいので、試行錯誤しました。お寺の修行に参加させてもらったこともあります。いろいろと試した結果、さまざまな場所で合宿を行ったり、当会専用の寮に入ってもらったりしています。

生活改善合宿は、立ち直るための新たな目標を見つけるきっかけになったり、集団生活によって生活習慣を立て直したりできますが、その生活習慣をいかに継続していけるかが、その後の大きな課題になっていきます。

家に戻ってからの家庭での規則正しい生活が大事になってくるのですが、リョウタくん（10章で生活改善合宿を経験）のように親との断絶が深い場合や、タカヒロくん（この章の冒頭に出てきた豪邸でマンガ喫茶のような部屋に住む）のように、親が甘く、家の居心地が良すぎる場合は、一人暮らしをすすめることがあります。

親との断絶が深い場合は、親が家にいると部屋から出るのを拒否し、何をするにも親に反発するので、前に進むことができません。こういう場合はいったん距離を置いたほうが、お互いのためです。親以外の人とならきちんと話し合って、将来のために自律した規則正しい生活を送るための練習をしたほうがいい、ということに納得してくれて、実際にそうした生活に向けて頑張ろうとしてくれます。

親が甘く、居心地が良すぎる家庭の場合、子どもが何をするにも親が先回りしてやってしまう習慣がついてしまっています。親が金銭的にも甘い場合は、もっと深刻です。親はいつまでも生きていません。いつかは、子どもは自分で稼いで生活しなければならないのです。自分で身の回りのことをやり、アルバイトをして、お金を稼ぐことの大変さを知ることも必要なのです。

ですから、こういった家庭の場合や、地方の生徒の場合は、ルールを決めて、一人暮らしをさせることをすすめています。

現在は高卒支援会の寮として、杉並区にシェアドアパートメントという形式の建物を1棟丸ごと借りていて、４名の生徒が住んでいます。お風呂やトイレ、キッチンなどの水回りは共用で、それぞれきれいな個室があり、家具も備え付けてあって、すぐに住めるようになっています。

生徒たちが一箇所にまとまっているので、当会で行っている登校サポートでもスムーズにお迎え訪問できますし、生徒同士で声をかけ合って一緒に登校できるので、より登校しやすくなります。

実際の男子生徒の部屋です。すごくきれいにしているわけではありませんが、散らかっているというほどではないので、こんなものでしょう。

寮生活のルール

寮生活のルールは次の通りです。

・室内禁煙
・酒盛り禁止
・毎日23時には部屋にいること、朝部屋にいること
・月１回、スタッフによる抜き打ち部屋チェック

・睡眠アプリの管理と、週1回の報告
・自炊をすること
・電話連絡時には必ず電話に出ること
・アルバイトをして生活費は自分で賄《まかな》うこと
・学校（当会）に毎日登校すること（来られない場合はお迎え訪問）
・家計簿をつけること
・土日は実家に帰宅すること（事前の約束がある場合のみ）

20歳未満の生徒がほとんどなので、禁煙禁酒は当たり前ですが、自律した規則正しい生活ができるようになるために定めたルールです。毎日23時に部屋にいるか、スタッフが電話してチェックします。部屋にいないことが一度でも発覚したら、寮生活は終了という厳しいルールになっています。また、月に1回はスタッフが抜き打ちで部屋をチェックします。部屋の片づけ、洗濯など、身の回りをきちんと整えられているか確認します。また、夜更かししないできちんと睡眠をとっているか、携帯のアプリで記録してもらい、週1回報告してもらいます。

食事もちゃんと自炊をしているか、スーパーへ買い出しに行った様子や自炊した料理の写真を撮ってスタッフに送ってもらいます。食事内容をチェックして、より良い食生活になるように栄養面からも指導していきます。

このほか、朝起きられない生徒には、モーニングコールをしたり、訪問して一緒に登校したりします。また、月1回はスタッフと面談をし、困っていることがないか、生活が乱れていないか、悩みを聞いてアドバイスをして、改善に導きます。

親にはこの寮の費用や学費を出してもらっているのですから、生活費は自分で稼ぐようにアルバイトをしてもらいます。アルバイトを通して、他人とコミュニケーションをとり、社会の中の一員として働くという体験をしてもらいます。働く体験によって、親への感謝や尊敬の念が生まれます。

10章で、生活改善合宿で立ち直ってきたリョウタくんも、マクドナルドのアルバイトを通して、どれだけお金を稼ぐことが大変なのか身に染みて感じたと話しています。親に対しての態度も軟化してきています。

一人暮らしをさせる前に、銀行で研修を受けさせることもあります。

２０１９年にはイベントとして銀行へ見学に行き、自分の生活費を例にして、財産の管理、いわゆるウェルス・マネージメントについて考えました。

一人暮らしをしようとしていた生徒の一人は、毎日の自分の生活にどのくらいかかっているのか、初めて計算したといいます。交通費、塾代、食費などを計算すると、毎月11万〜12万円かかっていました。これに一人暮らしに必要な家賃や光熱費を含めると、20万円ほどになり、「これじゃあ、いきなり破産スタートになってしまう」と衝撃を受けていました。週5日8時間バイトしたとしても、時給１５００円ほど稼がないといけない計算になります。それまでは、毎日自動販売機でペットボトルの飲み物を2本買っていたので、それだけでも月に７０００円以上かかる（高校生にとっては大きい額）という事実に気づき、思った以上にお金がかかっていることにショックを受けていたようでした。研修の最後には、「これに学費なども考えるととんでもない金額になることが分かり、親にしっかり感謝しようと、同じ班のメンバーと誓い合いました」と発表していました。

寮生活の様子は保護者へ毎月報告します。離れていることによって、親子関係が良くなっていくことが多いです。

何より必要なのは親の覚悟

一人暮らしをさせるには、親の覚悟が必要です。ほとんどの親が心配だからと言って、一人暮らしをさせようとしません。しかし、それではひきこもったままで、どんどん月日が経っていくだけです。８０５０問題に発展してしまいます。ニュースで連日のように、年とった親子の無理心中や、子による親の遺体遺棄事件（ひきこもっていると、親が死んだときに、行政などに連絡ができずに、遺体をそのままにしてしまう）などが報道されています。ひきこもっている時間が長引けば長引くほど、復帰するのは困難になります。だからこそ、そうなる前に、なるべく早く、親が覚悟をしなければならないのです。

親が覚悟を決めて一人暮らしをさせてから、良くなりつつある実例です。

【ダイキくん】ダイキくんは小学校受験をして、小学校から大学までエスカレーターで進学できる学校に入学しました。中2からだんだん休みがちになり、起立性調節障害（自律神経の循環調整がうまくいかず、特に上半身、脳への血流低下が見られ、立ちくらみ、失神、朝起き不良などの症状があり、不登校やひきこもりのきっかけになるとされる病。心理・社会的ストレスによっても起こる）と診断されました。最初は処方された血圧を上げる薬を飲んでいましたが、午前を過ぎると、血圧が上がりすぎ、具合が悪くなってしまいます。結局、薬は飲まなくなり、休みがちのままでした。

運動部に所属していましたが、休みがちなのに試合に出たりしたことが、周りの反感を買ったようで、友人関係もいろいろ問題があったようでした。本人が話さないので詳しくは分かりません。

休みが多いので成績も良くなく、塾に通ってどうにか高校に上がりました。高校からは心機一転頑張ろうと思っていたダイキくんでしたが、思い描いていたような高校生活ではなかったようで、また休みがちになりました。1学期の中間・期末テストも受けられませんでした。2学期に入ると担任から電話があり、「テストを全く受けていないので、留年です」と告げられました。「冷たい感じで、学校から追い出そうとしていると感じました」とお母さんは話しています。

留年するのは嫌なので退学し、通信制高校に編入しました。しかし、そこで誤解が生じていました。ダイキくんは普通の学校のように通えるものだと思い込んでいたのですが、通信制ですから、通わないで自分で課題をやって提出するというスタイルの学校です。結局課題をやらないので単位も取れず、翌年の夏に退学してしまいます。本来なら高2にあたる年でしたが、高1の単位を全く取れていない状態でした。そこで、当会に相談がありました。2017年7月のことです。

そこから、当会では何度も親と面談し、訪問支援も行いました。前著で当会の生徒会長として大活躍していたカズキくんが、高校生インターンとしてダイキくんの家を訪問し、ダイキくんと話をしたり、ダイキくんのレポートをカズキくんが代わりに仕上げたりしていました。そのおかげで、別の通信制高校で高1の単位も取得できました。しかし、ダイキくん本人は全く勉強をしようとしてくれません。当会にも登校できず、状態は良くならないままでした。

問題は、家庭にありました。お父さんは自営業で忙しく、ほとんどダイキくんと関わってきませんでした。自分の考えや意見ばかり話し、ダイキくんが何か話しても「それは○○ということだろう」と流して、きちんと向き合ってくれません。

学校を辞めたばかりのときは、まだ家族と一緒にご飯を食べたりしていましたが、しだいに部屋にひきこもるようになりました。

朝、お父さんとお母さんが同じ敷地内にある事務所へ仕事に出て誰もいなくなってから、置いてある朝ご飯を食べ、昼ご飯もみんながいない間に食べました。夜にお父さんお母さんがいる間は部屋に閉じこもり、出てきません。マンガや小説を読んだり、ゲームをしたりしていました。ときにはコンビニに行ったり、友人に会いに行ったりしていたようです。

お母さんは「何がしたいのか、聞いても答えてくれませんでした。話さないと分からないよ、と言っても、閉じこもったままでした」と当時を振り返っています。

どうにか事態を打開しようと面談を重ね、2018年2月に定時制高校の受験をすることになりました。ダイキくんは受験する前に、「受験したらパソコンを買ってほしい」と親にお願いしていました。しかし、実際に受けたものの、お父さんが買わないままでいると、「受験したのに、買ってくれない」とダイキくんはお父さんに詰め寄ります。するとお父さんは「いい加減にしろ」とダイキくんを部屋から引きずり出そうとしました。ダイキくんが抵抗してお父さんを蹴ったところ、お父さんはあばら骨2本を折るケガをしてしまいました。

面談をしたところ、お父さんは「体罰もいとわない厳しい全寮制の学校へ入れて、家から追い出す」と強い姿勢で、全くダイキくんに寄り添おうとしません。私たちスタッフが、それだけは危ないからやめるようにとお父さんを説得しました。

一人暮らしで変わった意識

家庭状況は最悪でした。お父さんとダイキくんはどちらも一歩も引かない険悪な状況です。弟もダイキくんと同じ付属校に行っていたので、兄のことでいじめられ、辛い思いをしていたようでした。このままでは、誰のためにもなりません。

そこで私（杉浦）から「では、一人暮らしをさせましょう」と提案しました。お父さんは厳しい寮に入れれば、衣食住が保証されるから寮にしたほうがいい、と反対でしたが、ここで見事だったのが、お母さんの決断でした。

お母さんは「ダイキをずっと見ていて、もうこれは一人になったほうがいいと思います。

厳しい寮に行かせられても、無気力な状態が続くだけです」と、きっぱりと決断し、お父さんを説得したのです。

最初はあまりにもお父さんが反対するので、スタッフが「では訪問支援を続けますか」と折れかけたのですが、お母さんが「いえ、外に出します」と英断を下したのでした。

このときの気持ちを、のちにお母さんはこう話しています。

「ダイキ本人がどういう思いでいるかを考えていました。父親からの無言のプレッシャーに加え、毎日学校にきちんと通っている弟にも引け目を感じている状況でした。本人が嫌がっているなら出さないけど、嫌じゃないなら、一度離れたほうがいいと思ったのです。ご飯も用意しておけばちゃんと食べていたので、お腹がすいたら食べるだろうと思ったのです。もう、信じるしかありませんでした。食べて生きていればいいと思ったのです」

こうして2018年4月から、実家から電車で50分ほど離れた郊外で、一人暮らしを始めました。ダイキくん本人と話し合って、アルバイトをしながら高卒認定試験に向けて自分で勉強して、高卒認定を受け、大学受験をする、という目標を立てました。当会に通うより、自分でやりたいようにやる、ということでした。生活費の仕送りは月3万円、足りない分はアルバイトをします。どんなバイトをしているのかは教えてくれませんでしたが、単発のものをしているようでした。

最初はお金のありがたみを知らないので、一人暮らし初日に、いきなり1日で2万円も使ってしまいました。それからは、買い物をしたらレシートを写真に撮って、スタッフに送るようにしてもらいました。

高校の単位がほとんど取れていなかったので、大学合格まで2年の間は、一人暮らしをし、仕送りをするという約束をしていました。2018年の秋には高卒認定試験に合格しましたが、その後はあまり連絡をしてくれなくなりました。面談の約束の日にも来ないし、模試も受けていない状況でした。2020年の大学受験も、願書は出しましたが、受けて落ちたのか、受けなかったのかわかりません。約束の2年が経ちました。

そこで、また、お母さんは素晴らしい判断をしました。「約束したのは2年だから」と仕送りをストップしたのです。

「私がぶれてしまったら、ダイキ本人のためになりません。2年経ったら仕送りを止めるということは、前々から説明してありました。それなのに、そこで折れてお金を送ってしまったら、『大丈夫じゃん』と調子に乗るのは目に見えてます。本当に大学に行きたいなら、自分で働いて勉強すればいい。考えた結果、私はもう関わってはいけないと思ったのです」

お父さんのほうが慌てているようでした。仕送りがストップしたのと同時に、電気・水道・ガスも止められていたようでした。あんなに嫌っていたお父さんに、自分からするとそこでダイキくんに変化がありました。あんなに嫌っていたお父さんに、自分から連絡をしたのです。

お父さんに「もう1年やらせてくれ」と自分から頼みました。そして、「自分のペースで勉強に集中したいから、バイトはしないで受験勉強をする」と伝えました。

これまではお父さんの言うことには耳を傾けませんでしたが、このときは、お父さんの話も黙って聞いていたといいます。

お父さんは、「大学にこだわらなくても、専門学校でも、大学の2部でもいいんじゃないか。自分の未来を考えて1年過ごしてみて、家に戻って生活してもいいんだよ」と伝えました。そして、お父さん自身の状況も伝えました。定年が近づいているが、ダイキくんが継ぐ必要はないこと、別の人に事業承継することになれば、今住んでいる家から出ていかなければならないことなどを伝えました。

お母さんは「父親の話を聞けただけでもだいぶ進歩したと思います」と話します。それまでは、毎月1回は安否確認のためにお母さんに連絡をしていましたが（連絡しないと、仕送りをしないことにしていたため)、それからはお父さんに毎月電話をするようになりました。翌年も大学受験に失敗してしまいましたが、今年が最後の年として、今も頑張っています。

親子関係は徐々に良くなってきています。

お母さんは「ダイキを家から出したことは、全く後悔していません」と話します。「よくよく考えると、24時間付きっきりでいることは、親でもできません。それなら、ひきこもったまま過ごすほうが本人には危険だと思いました」

お母さんの覚悟が、良い方向に導いているといえます。まだ回復の道の半ばではありますが、このように、親がぶれないでしっかり覚悟を決めていると、子どもは良い方向に向かっていきます。

富裕層の子どもの特徴

子どもが不登校やひきこもりになるケースでは、もともとはできる子だった、小中学校では秀才だった、偏差値が70あった、お父さんは東大出身、などという富裕層の子が多いのが特徴です。たいていの子はプライドが高く、現在のひきこもっている状態に対して「オレはこんなところにいる器じゃない」という思いを抱いています。こうしたプライドを捨てて、一から再構築して、実力をつけていかなければなりません。しかし、子どもには心のどこかに親に対する甘えがあり、親がなんとかしてくれるのではないか、と無意識のうちに思っていますし、親のほうも、ついつい今までのように先回りしてやってあげたり、約束をしたのにすぐに折れて子どもの言うことを聞いてしまったりします。しかし、そのような態度では、子どもが立ち直ることはできません。ひきこもりが長引くだけです。親がぶれずに、覚悟を決めることが大事なのです。子どもを信じたうえで、約束は必ず守らせる。守らなかったら、絶対に譲歩しないことです。

3章でパイロットを目指したタクヤくんのお母さんの態度も立派でした。

一般的に、不登校やひきこもりで子どもが大変な状況になっているのに、両親と面談すると、まだそういう段階に至っていないのにすぐに「大学に行かせたい」と言い出します。しかし、タクヤくんのお母さんは「全てお任せしますので、お願いします」と言って、私たちのアドバイスを全て受け入れて、余計なことは一切子どもに言いません。

タクヤくんは、自分が納得しないと絶対にやらないタイプです。お母さんはそれをいち早く分かって、私たちに任せてくれるのです。

タクヤくんのお母さんは「親の人生じゃなくて、彼の人生だから。彼なら考える力があると思っているから、彼が選んだ職業なら、靴磨きでもゴミ拾いでも、何でもいい。見守って応援します」ときっぱり言います。

もちろん、最初からそんなふうに覚悟ができていたわけではありません。不登校になった最初の頃は、無理矢理学校に行かせようとしていたそうです。しかし、心理学や不登校の本を読みあさり、はっとしたそうです。「当時は子どもの考えに寄り添おうと思わずに、親の考えだけで行動していました。親が子どもを支配し、親の考えを押し付けようとしていたのです。反省しました」。

今はピザ屋のバイク宅配のアルバイトをしているタクヤくんですが、「いざとなったら、ピザ屋に就職したっていいです。本人が選んだことならそれでいいし、やりたいことがあれば、それに進めばいい」と達観しています。どうでもいいと思っているのではなく、子どもを信じているのです。そうした態度が子どもにも伝わっています。

「うちの息子はできる子だから、後は任せます。大学に行ったら幸せになれるわけじゃないですから。息子は好きなことはとことんやる子なのです。パイロットになろうと思っていたのに、コロナ禍でパイロットへの道が閉ざされても、ちゃんと日経新聞を読んで、パイロットがウーバーイーツの配達員をしているとか、全部自分で調べています。今はまっているダーツでも、重りや素材を自分で工夫してダーツの矢を作ったりしています。凝《こ》り性《しょう》なのです。だから、中1から高2まで全然勉強してませんけど、いざ自分のやりたい道ができたら、ちゃんとやれると信じているのです」

そして、「タクヤのおかげで、私も変われました」と言います。「タクヤが小中学校の頃は、本当にひどい親だったと思います。あのままだったら、タクヤと今のようなコミュニケーションはとれないままだったと思います」。

現在、タクヤくんとお母さんはべたべたするわけではありませんが、非常に仲のいい親子関係になっています。お母さんも「なんだかんだ言って、男の子はお母さんが大好きですよね。態度に出さなくても、それがわかるんです」と微笑みます。

このように、お母さんが覚悟を決めた態度をとっているので、タクヤくんも順調に立ち直っています。きっと自分で道を切り開いてくれるでしょう。

第12章

女子に多い不登校タイプと新しい進路の形——インターン経験を活用した総合型選抜

女子の不登校の主な原因は友人関係

ここまでさまざまなケースを見てきましたが、男子の例が多かったので、女子についても、説明したいと思います。

例外もありますが、女子の場合ほとんどは親と仲良く、ご飯も一緒に食べたり親子で外出していたりして、ひきこもり状態ではありません。不登校だけという状態です。

学校に行けなくなった理由を分析すると、女子同士のトラブルや関係悪化など、友人関係に端を発していることが多いです。いろいろと揉めて、友達がいない状況、または友達を拒絶している状況がほとんどです。これに加えて、起立性調整障害などで、朝起きられないと訴えることも多いです。

学校に行かなくなって、朝起きられなくなってくると、どんどん不規則な生活になります。これを放っておくと、さらに不規則な生活が進んでしまうので、なるべく早く毎日通う場所を見つけることが大事です。

不登校状態だけでひきこもりではない女子の場合だと、アウトリーチ支援は不要で、最初から本人と両親、当会スタッフで面談できます。面談して、なるべく毎日通うようにしてもらいます。

最初からスムーズに通える子もいれば、なかなか登校日数が増えない子もいます。女子の場合は、その決め手は、やはり人間関係にあります。仲のいい友達ができたり、スタッフと信頼関係を築けると、徐々に毎日通えるようになって、立ち直っていくのです。

友人関係の悪化から不登校になった2人の女子の例です。

【レイカさん】（現在大学1年。中3から不登校になり、系列の高校に進学したが退学。当会に通って高校生インターンを経験して自信をつける）

レイカさんは、小学校の頃は活発で、毎年学級委員をやっていました。読書感想文のコンクールや書き初めなどで表彰されることも多く、毎年のように賞状をもらう優等生でした。自分から中学受験をしたいと言い出し、私立の女子校に進学します。英語が得意で、中3で英検2級も取得し、部活動でも楽しくやっていて、全て順調に行っているように見えました。

ところが、中3の2月、突然「学校に行かない」と言い出しました。前日も普通に学校に行く準備をしていたので、お母さんは驚いたといいます。最初は具合が悪いのかと思いましたが、翌日もそれ以降も、全く行く気配がありません。朝、布団から引っ張り出して行かせようとしましたが、布団にしがみ付いて、行ってくれません。学校の先生が家庭訪問に来たり、お母さんが学校へ面談に行ったりしましたが、「なんとなく行きたくない」というだけで、理由も話してくれません。

レイカさんは、今になって、「友達が私にべったりくっついてくるのが嫌だったんです」と話しています。「ファッションとかなんでも真似してくるのが嫌で、私のことを好いてくれるんだけど、それがうざいんです。ほかの子と仲良くなることもできなくて、それで行きたくなくなったのがきっかけでした」。

その後は、行かないことに慣れてしまい、行く気がなくなってしまったと言います。家庭訪問に来た先生には「勉強をやりたくない」と言い、卒業式にも出ませんでした。

2月終わりまでほぼ皆勤だったので、そのまま系列の高校に入学はできました。入学式だけ行ったものの、その後は1日も行きませんでした。

レイカさんの場合は、親とも仲が良く、買い物や映画館、美術館などに親子で出かけたりしていたので、ひきこもりではありません。不登校の状態なだけです。しかし、スマホでS

NSなどを見たりしていて、夜遅くまで起きているので、朝は起きられず、規則正しい生活習慣ができていない状況でした。起立性調整障害を疑って、いくつもの病院を受診していました（起立性調整障害など病気については、前著7章で詳しく解説しています。ディズニーランドなどイベントに行くときは早起きできる生徒が多いので、本人が本当にやりたい目標を決めて、それに励むようになれば、起立性調整障害は自然と治っていく傾向にあります）。

また、レイカさんはファッションやメイクにこだわりがあり、出かける前にメイクに1時間かかります。化粧やピアス、髪を染めるのもOKな学校に転校したいという希望で、はじめは都立高校の定時制を受験しようと考え、その試験対策として当会に相談に来ました。

しかし、当会に通い始めたものの、勉強する気がありません。イベントだけ来て、後はまだら登校です。午前中はほとんど来られず、午後からしか登校できませんでした。

そこで高1の冬頃から、高校生インターンをしてもらうことにしました。経理の雑務を担当してもらったのですが、仕事のときは、きちんと来るのです。経費の管理や、各家庭に送る請求書、給与計算まで管理するようになりました。1円でもずれたら、「これはどうなってますか？」と聞いてきます。几帳面《きちようめん》なところが向いていました。

仕事を任されるようになると、自信がついてきました。保護者会では自己肯定感について、プレゼンテーションを行っています。

レイカさんは「私は昔から自信がない子でした。自己肯定感について調べていくうちに、自己肯定感が低くなってしまう原因が、自分に当てはまると思いました。通っていた学校の偏差値教育が自分に合っていなかったこと、人からどう見られているか過度に敏感で気を遣い、自分より他人を優先してしまうこと、そういったことが、自分の自己肯定感を低くしていたのだと気づいたのです」と話します。プレゼンテーションでは最後に泣いてしまい、レイカさんにとって大きな転機になったのでした。自分を客観的に捉えられたことで、一皮むけたのです。

その後、理事長交代式でも司会を任せましたが、緊張することなく、すらすらと司会をこなすこともできました。大きく成長したのです。

レイカさんが復活できたのは、スタッフの竹村と築いた信頼関係が大きかったと思います。レイカさんは「今の自分があるのは、竹村先生のおかげ」と話しています。面談や普段の会話、インターンの仕事をする中で信頼関係を築いて、自分が受け入れられていると感じたのでしょう。

もう1人の女子の例も、やはり人間関係がうまくいくようになって復活しています。

【マユさん】(現在大学1年生。高校から不登校になり中退。当会で立ち直り、高校生インターンとしてひきこもりのアウトリーチ支援で活躍)

マユさんは、中学のときはきちんと学校に通えていましたが、入学した高校がヤンキーと不登校気味の生徒が混在する学校で、友達を作ろうと話しかけてみても誰も会話してくれないので自信がなくなり、学校に行かなくなったといいます。友達が一人もいない状態で、人間不信に陥っていました。

高1の夏には退学して、通信制高校に編入し、サポート校として当会に通い始めたものの、誰にも心を開かない状態で、週1回来るかどうかという状況でした。「当時はみんなが敵に見えて、竹村先生や大倉先生も信用していい大人かどうか分からないと思っていました」と振り返ります。

しかし、竹村が何度も冗談を言いながら話しかけ続けると、12月頃には警戒心がなくなり、

「なんだかんだ優しいし、信頼していい人なんだと思えるようになったのです」と言います。

それからは出席日数が多くなり、高2になると進路を考えて、個別授業を受けるようになりました。あの、エアガンを持って立てこもっていたカイトくんと一緒に、英語の授業を受けることになったのです。

「おまえ、バカじゃないの～」「おまえのほうこそ、Ａｐｐｌｅも書けないじゃん」とお互いに軽口を叩きながら勉強するのが楽しかったのです。すっかり溶け込みました。さらに、マユさんが好きなＫポップが好きという女の子が入って、趣味が同じなので、とても仲良くなりました。


このようにスタッフとの信頼関係ができ、友達とも楽しくやれるようになると、毎日登校できるようになり、楽しくやっていけるようになります。

しかし、ここで注意が必要です。また女子のトラブルがあると、同じことの繰り返しになる恐れがあるからです。大人になってからも、女子が多い職場だと、女子同士でうまくやっていく力が、生きていく上で必要になってきます。その方法も学んでほしいと思っています。

女社会の中でうまく生きる力をつける

引き続き、マユさんの実例です。すっかり当会に慣れて溶け込んだのですが、この年は女子が多く入って、水道橋校の女子の人数が男子より増えました。通常、不登校もひきこもりも、8対2の割合で男子のほうが多いので、当会もいつも男子のほうが圧倒的に多いのですが、この年は4対6で女子のほうが多くなったのです。女子の人数が多くなると派閥が生まれ、たいていの場合、いざこざが起こります。ケンカまではいきませんが、お互いに陰口を言い合ったりして、険悪なムードになっていくのです。さらに男がらみでも亀裂が生じます。「〇〇くんが△△ちゃんをかわいいと言った。私たちに対する態度と全然違う」というような、焼きもちからくるものです。

これに対して、竹村は「嫌いなら嫌いでしょうがないし、仲良くしなくていいけど、それでも、女子同士でやっていけるように、水道橋校での生活に支障がないようにしなさい」と指導したのでした。マユさんは世渡り上手なので、「女子同士の人間関係が嫌でここに来たのに、同じことをしていても意味ない」と考え、当時、中学生が多く通っていた新宿エルタワー校に行くようになりました。ここですっかり男子中学生に慕《した》われ、「女帝」というあだ名で呼ばれるようになりました。

こうした状況を見て、高校生インターンとして、中学生の訪問支援をやらないかと声をかけたのです。最初はスタッフの根本と一緒にひきこもりの女子中学生の家に行き、根本の指導のもと、話しかけたりしました。1回目はほとんどしゃべってくれませんでしたが、2、3回目からは少し話してくれるようになり、5回目からは、その女の子が好きなマンガを「これ、次までに読んできて」と貸してくれるようになりました。それからは毎回、貸してくれたマンガの感想を話して、どんどん仲良くなり、ついに池袋のアニメイトに一緒にマンガを買いに行こうと誘って、その子は家から出ることができたのです。その後は、当会にも通えるようになりました。女子の初めてのひきこもりアウトリーチ支援の成功例になりました。

女社会に自分から距離を置くのも、上手なやり方です。マユさんの場合は、女社会の人間関係から離れることで、うまくやっていく方法を自分で身に付けたといえます。

このほかにも、友達ができずにトイレで昼食を食べていた女子生徒、友達作りに失敗して、常に一人でいた女子生徒もいますが、みな、スタッフと信頼関係を築き、女子とも男子とも友達として仲良く過ごせるようになると、だんだん回復してきます。

女子とは仲良くできなくても、男子グループと友達になって回復するケースもあります。これも女社会と距離をおくことで自分なりにやっていける方法を身に付けたといえます。

女子の外見へのこだわりは、受容されていない不安の表れ

女子の場合は、見た目を気にし過ぎるケースも多くみられます。レイカさんのように化粧やファッションに強いこだわりがある生徒や、痩せようとして拒食症ぎみになってしまう生徒もいます。

どちらにしても、ありのままの自分が親や周囲の人に受け入れられていないと、無意識のうちに感じていて、自分でも自分を受け入れられない状態です。

親や周りの大人が、「ありのままのあなたでいいんだよ」という態度で接することが大事です。受け入れられていると感じると、だんだん落ち着いてきます。

化粧やファッションは本人の好きなようにやらせておけば、気持ちが安定してくる場合も

あるので、好きにさせてあげることです。

太っていないのに痩せようとする場合は、拒食症など摂食障害に陥ってしまうことがあるので注意が必要です。本人が自分はこのままでいいんだ、と思えるように、親や周りの大人が支援していく必要があります。

柔軟さに優れた女子に多い、総合型選抜（AO入試）

あくまで私達の経験則ではありますが、女子のほうが柔軟に新しいことに対応できたり、挑戦できたりする傾向にあります。大学入試でも、総合型選抜（AO入試）など新しい形態の入試を利用して合格した生徒に女子が多いことも、特筆すべきことでしょう。

男子のほうが一般入試にこだわることが多いので、今後は、男子にも新しいタイプの入試に挑戦してほしいと思っています。

前出のレイカさん、マユさん、ともに新しい形の大学合格を実現しています。実際の例を紹介しましょう。

レイカさんの成長を見て、私たちスタッフから大学では哲学を学んだらどうかと提案をしました。感受性が高く、文字や言葉が好きで、自分の考えや感情を言葉で表現するのが好きなレイカさんには、哲学を学ぶのが向いていると判断したのです。レイカさんもそう言われて初めて、確かに自分に向いていると感じて、受験する準備を始めました。

受験を考えていくうちに、通信制高校の成績が良く、評定も高かったので、A大学の哲学科を自己推薦で受験することにしました。書類審査、小論文、面接で合格が決まります。

竹村が提出書類の指導をして、大倉が面接の指導をしました。不登校だった過去をどう乗り越えてきたか、それが哲学を学ぶことにどう結びついたか、ぎりぎりまで添削してもらいながら、書類を書き上げ、面接の練習をしました。

無事に書類審査が通り、試験は小論文と面接です。小論文の手応えはありませんでしたが、面接ではインターンをやっていたことをアピールしたところ、面接官も驚いていたそうです。本人はあまり自信がなかったので、次の試験対策にとりかかろうとしていたところ、発表がありました。合格です。レイカさん本人もスタッフも合格できると思っていなかったので、驚きました。インターンの評価が高かったのが、勝因の一つだと思います。

レイカさんは今、「あの中3の時の自分に、まずはやってみなよ、意外と人生大丈夫だよ、高校生ならやり直しがきくよ、って言ってあげたいです」と話します。
「一時期はリストカットを繰り返していました。生きている意味がないから、死にたいと思っていたのです。でも、哲学という学問の存在に出会って、生きる意味が見つかりました。哲学は生死について考える学問です。なぜ生きるのか、なぜ死ぬのか、それを学ぶために、私は生きています」

このレイカさんの例に見られるように、不登校を乗り越えた経験や、インターンの経験は、大学側から高い評価を得られるといっていいでしょう。ＡＯ入試や自己推薦入試などの総合型選抜で、積極的にアピールすることで、大学合格の道が開けます。

もう一つ、マユさんのケースは、自分で指定校推薦を獲得してきた例です。その例をご紹介します。

自ら指定校推薦を獲得した例

マユさんは高校生インターンとしてアウトリーチ支援で活躍し、当会でも最初の女子のアウトリーチ支援の成功に、大きく寄与してくれました。

マユさんはこうした経験から、人のために働く職業に興味を持つようになり、社会福祉を学べる大学へ進学しようと考えました。オープンキャンパスで気に入ったB大学に、文化祭や説明会などで何度も訪れているうちに、教授たちに顔を覚えられるようになりました。マユさんが教授に自分のインターンの経験や志望動機などを話したところ、高い評価を得られ、大学側から指定校推薦枠を出すので、ぜひ指定校推薦試験を受けてほしい、と当会へ打診がありました。初めてのケースで、こんなこともあるのかと、私たちも驚きました。

指定校推薦の願書を書くときも、マユさんの進路ビジョンがしっかりしているので、とても書きやすく、面接も順調にいき、スムーズに合格できました。

大学入学選抜では、一般選抜の割合が減ってきており、総合型選抜の割合がどんどん増えています。受験勉強の反動で遊んでばかりで勉強しなくなる学生より、入学前からしっかりとやりたいことを持って熱心に学ぶ学生のほうが欲しい、ということでしょう。

当会のインターンは、高校生だからある程度までしか任せない、というのではなく、大人と同じように責任を持ってやってもらいます。

特に教育現場で働きたいと思う生徒には、うってつけの場所でしょう。不登校・ひきこもりといった現代の教育の問題が詰まった現場ですから、そこでの経験は高く評価されると思われます。

総合型選抜では、自分が高校時代にどんなことをしてきたか、それが自分の学びたいことにどうつながっているのか問われます。ですから、当会で高校生インターンを経験している生徒は、大きなアドバンテージがあるといえます。大人でさえも尻込みするひきこもりの子どものアウトリーチ支援などをやってのけるわけですから、高校生インターンの活動には大きな価値があるのです。

今後も生徒の進路希望に合わせて、インターンの経験を活かせる場合は、このような総合型選抜の試験を積極的に活用していこうと思っています。

受験ありきではないが高卒の資格は取るべき

レイカさん、マユさんは、インターンの経験を活かして大学合格したケースでしたが、ここからは、不登校やひきこもりだった生徒に対して、一般的にどのように進路指導をしていくかについて説明していきましょう。

当会の生徒たちの多くが大学受験を目指して勉強しますが、最初から大学受験ありきではありません。本人と面談をして、やりたいことは何か、どうしたらその道に進めるのか、自分にはどんな道があっているのか、よく話し合って決めていきます。

ただ、どんな道に進むにしても、高卒の資格は取るようにすすめています。そうでないと、アルバイトでさえ採用してもらうのが難しくなります。現在の日本で、中卒で生きていくのは困難だからです。

高卒以上の資格を取るには、高卒認定試験を受けてその先の進路へ進むか、通信制高校や定時制高校を卒業することです。

このとき注意したいのは、高校の在籍期間です。学校教育法により、高校を卒業するには、3年間の在学期間が必要です。例えば、今いる学校を早く辞めたいと思って、7月に退学してしまい、その後、夏休み明けの9月から通信制高校に編入しても、8月の1カ月間、空白ができてしまいます。すると、通信制高校で単位が取れても、卒業できないことになります。

この場合は、8月末日まで前の高校に在籍して、9月1日から通信制高校に編入という手続きを取らなくてはなりません。早く辞めたいと思うあまりに退学を急いでしまうと、このような事態になるので、注意が必要です。

順調に高校卒業の見込みができたり、高卒認定試験に合格できたら、その後の進路は、本人とよく話し合って決めていきます。勉強より働くほうが合っていると自分で思う生徒には、働くことをすすめます。就職がスムーズにいくためには資格があると有利ですから、資格や試験を受けることをすすめることもあります。

詳しくは前著に書いてありますが、有名進学校を退学後、当会に通って立ち直り、当会の生徒会長にもなったカズキくんは、「自分は勉強より働くほうが向いている」として、高卒公務員試験を受験、見事合格して、東京都内の区役所で働いています。公務員ですから、安定していますし、高卒で働くと生涯勤務年数が増え、生涯賃金は大卒と変わりません。

そのほか、生徒の希望と現実とをあわせて考えて、進路を決めていきます。当会の生徒ですと、LEC東京リーガルマインドの講座をお得な割引価格で受講できますから、公務員試験のほか、簿記、宅地建物取引、社会保険労務士、医療事務など、あらゆる資格・検定の勉強ができます。資格があれば、就職試験でほかの高校生より有利でしょう。大卒で就職試験を受けるよりも競争率が低いので、受かりやすいというメリットもあります。

デザイナーになりたい、漫画家になりたいなど、しっかりと進みたい道が決まっていて、専門学校を希望している場合には、専門学校に進学できるようサポートしていきます。実際にほとんどの生徒が自分の希望する専門学校で学び、夢に向かって進んでいます。

大学進学したい生徒は、大学受験に向けて勉強します。一般選抜（一般入試）で受ける場合がほとんどで、早稲田大、上智大、立教大、明治大、法政大などの難関校も含め、たくさんの大学に合格しています。

おわりに

コロナで、不登校・ひきこもりの子どもが急増しています。前述のように、文部科学省の「令和2年度　児童生徒の問題行動・不登校等生徒指導上の諸課題に関する調査結果について」（2021年10月13日公表）によると、2020年度の小中学生の不登校児童生徒数は19万6127人で過去最多となっていますが、これにコロナで自主休校した2万905人を合わせると21万7032人と急増しています。高校でも不登校数4万3051人と自主休校の9382人を合わせると5万2433人となっていて、小・中・高合わせて26万9465人が学校へ行けていません。中学生では24人に1人の割合です。どのような状況にあるかは、紹介してきた通りです。

これに対して、行政はほとんど対応できていない状況にあります。各自治体の教育委員会が設置した教育支援センター（適応指導教室）が指導するということになっていますが、実

（右）朝日新聞　2020 年 11 月 5 日掲載
（左）読売新聞　2021 年 5 月 10 日掲載

際にはほとんどの児童生徒が適応指導教室を利用できていない状況は、5章で指摘した通りです。

こうした状況を見かねて、私は新聞でもアウトリーチ支援（訪問支援）を積極的に行うように訴えています。

不登校やひきこもりの子に、年配の大人が話をしに行っても、子どもが心を開いて家から出てくるのは難しいでしょう。当会にはノウハウがありますから、それをどんどん行政のほうでも活用してもらい、少しでも不登校やひきこもりの子たちを救いたいと思っているのです。

現在では、渋谷区でフォロースタッフ（家庭訪問）、世田谷区で要保護児童支援協議会構成員となっていて、家庭からの希望があれば、当会につないでもらっています。

渋谷区教育センターでは、子どもの心サポート事業の中に、フォロースタッフという支援制度があります。フォロースタッフとは、子どもの不登校・ひきこもりの改善が見られない、保護者が子どもと会話ができない・会えないなど、状況が悪化している場合に、専門のフォロースタッフが専門機関・学校と連携して、解決の糸口を探し、子どもの復帰のサポートをするスタッフです。教育支援センター、または在籍している学校に復学させるのが目的です。フォロースタッフを家庭に派遣し、話し相手になったり、公園に行ったり、一緒に遊んだりして、心のケアをしながら支援・解決することを目指します。このフォロースタッフとして、当会のスタッフ3人とインターン2人が登録しています。

世田谷区からは2020年12月23日に依頼を受け、要保護児童支援協議会構成員となっています。世田谷区と連携を図りながら、アウトリーチ支援やカウンセリングをしていきます。

実は、世田谷区との連携のきっかけになったのは、エイタくん（7章でカイトくんの訪問支援で外に出られるようになり、今ではeスポーツ部で部活を楽しみ、IT副社長として仕事もしながら、東大を目指して勉強中）でした。エイタくんの成功体験が協議会の方に伝わり、高卒支援会の水道橋校を見学したいと連絡をもらいました。エイタくんの様子や元ひきこもりの生徒たちが笑い合っている様子を見てもらうと、とても感心したようでした。

これからは、こうしたアウトリーチ支援ができる人材を育てていくことが大事だと思っています。全国に26万人も学校に行けていない小中高校生がいるのですから、各自治体にアウトリーチができる人材が行き渡るには、かなりの人数が必要だと思っています。また、ひきこもりアウトリーチ支援検定制度のようなものを作り、アウトリーチを行う専門員が不登校・ひきこもりの現状を熟知して、きちんと対応できる一定の水準を保つことが必要だと思っています。

各自治体の予算は高齢者の福祉に多く割り当てられていて、子どもや若者に対する予算は少ないのが現状です。しかし、少子高齢化が進む中で、いつまでもそのままで良いのでしょうか。高齢者が増え続け、税金をどんどん高齢者に使っても、財政は良くなりません。財政破綻する可能性もあります。

私は、不登校・ひきこもり対策のほうに予算をもっと使うべきだと考えています。不登校・ひきこもりを放置しておくと、そのまま大人になってもひきこもって、いずれは生活保護が必要になります。そうなると、さらに税金が必要になり、財政は悪化の一途をたどります。

しかし、20代前半くらいまでの若いうちに、予算を使ってひきこもり対策をしっかり行えば、9割くらいの割合で社会復帰できます。私の36年以上の指導経験から自信を持って言えることです。復帰して仕事をするようになれば、納税者になります。財政が健全化していくわけです。

教育委員会は福祉課、若者支援課などいろいろな課と協働してアウトリーチ支援を行い、若者を社会に貢献する人材に育てるべきです。それが未来への投資なのです。


過去には、10年以上ひきこもった子が、社会復帰できた例もあります。

中学2年生から24歳までひきこもっていた女性が、当会にメールで相談して、翌日当会に来て、通信制高校、サポート校に入学しました。3年かけて卒業し、短大に入学、卒業後は公務員になり、結婚もしました。

私が今までひきこもりの指導をしてきたのは、中学生から27歳までなので、それ以上年上の場合は復帰できるかどうか分かりません。しかし、この女性のように、20代前半までなら、ひきこもっていても社会復帰できる可能性が大いにあるのです。

ですから、ひきこもりの支援を、未来への投資として、ぜひとも社会全体で考えてほしいのです。

私はNPO法人高卒支援会を立ち上げ、理事長として活動してきましたが、胸腺腫という20万人に1人の珍しい癌を患いました。これをきっかけに、現場を後進の竹村聡志に任せることにしました。私は会長として相談に乗りながら、「一般社団法人不登校・引きこもり予防協会」を立ち上げました。私が36年以上にわたって培ってきたアウトリーチ支援のノウハウを公開して、さまざまな機関と連携して、不登校・ひきこもりの子どもが社会復帰するお手伝いをしていきたいと思っています。

このアウトリーチ支援のノウハウを広めてひきこもりの子を救うためには、小学校・中学校・高校の先生たち、自治体、大学、教育委員会、行政、政治家、企業、経営者など、あらゆる機関、あらゆる人たちと連携していく必要があります。ぜひ、私たちと連携して、社会全体で、一人でも多くの子どもを救っていきましょう。

最後に、こうした私たちの活動を支えて下さるみなさまに心から感謝の意を示したいと思います。ボランティアとして当会を支えて下さるみなさま、全てのスタッフ、インターン、そして生徒と保護者のみなさま、無償で教室をご提供いただいているＬＥＣ東京リーガルマインドの反町雄彦社長をはじめとするみなさま、当会と関わる全ての方に、心からの感謝を申し上げます。

２０２１年秋

ＮＰＯ法人　高卒支援会　会長　杉浦孝宣

一般社団法人　不登校・引きこもり予防協会　代表理事

ＮＰＯ法人　高卒支援会　理事長　竹村聡志

巻末資料　高卒支援会のアウトリーチ支援実例（2017年度以降）

ひきこもりのステージ	状　況
ステージ1	不登校状態だが、親子間のコミュニケーションはとれている。生活リズムもなんとか維持できている。食事は3食とっている。
ステージ2	不登校状態だが、 親子間のコミュニケーションはなんとかとれている。生活リズムは不規則。食事は3食とれているかあやしい。
ステージ3	不登校状態で、親子間のコミュニケーションはとれない（特に進路について）。生活リズムは不規則。食事は3食とれているかあやしい。
ステージ4	ステージ3が1カ月以上続き、自室に閉じこもっている。子どものひきこもり状態を親は普通の社会生活に戻そうとしているが、両親の考えが揃っていない。もしくは疲弊している。
ステージ5	子どもが既に20歳を過ぎ、親子にとってひきこもり生活が年単位で常態化している。普通の社会生活に戻すのは極めて困難。

巻末資料　高卒支援会のアウトリーチ支援実例（2017年度以降）

年度	No.	相談開始日	学年／年齢	ステージ	支援期間	結果	進　路
2017年度	1	2017.5.17.	高2	3	1年	成功	家から自立、大学受験
	2	2017.5.31.	高1	2	2カ月	成功	通信制サポート校
	3	2017.6.9.	中2	4	9カ月	成功	通信制サポート校
	4	2017.6.24.	高1	3	3カ月	成功	通信制サポート校
	5	2017.11.8.	中3	2	3カ月	成功	都立高校進学
	6	2017.11.15.	高1	2	6カ月	成功	通信制サポート校
	7	2017.11.30.	高2	3	7カ月	成功	在籍校に復帰
	8	2018.2.1.	高2	3	4カ月	失敗	フェードアウト
	9	2018.3.30.	中3	3	5カ月	成功	通信制サポート校
2018年度	10	2018.4.26.	高3	4	1年	成功	大学進学
	11	2018.6.19.	高1	1	1カ月	成功	在籍校に復帰
	12	2018.7.1.	高1	3	1カ月	成功	通信制サポート校
	13	2018.11.2.	小6	2	3カ月	失敗	フェードアウト
	14	2018.11.9.	高1	3	2カ月	成功	通信制サポート校
	15	2018.12.26.	19歳	2	7カ月	成功	高校進学
	16	2019.1.24.	高1	2	1カ月	成功	在籍校に復帰
2019年度	17	2019.4.4.	高2、19歳	3	1年	成功	高校進学
	18	2019.4.26.	高1	4	1カ月	成功	家から自立
	19	2019.5.22.	既卒	3	2カ月	成功	大学受験
	20	2019.7.14.	中卒、16歳	4	2カ月	成功	通信制サポート校
	21	2019.7.23.	高1	3	1カ月	成功	通信制サポート校
	22	2019.8.21.	中3、16歳	3	1カ月	成功	通信制サポート校

年度	No.	相談開始日	学年／年齢	ステージ	支援期間	結果	進路
2019年度	23	2019.9.1.	中3	4		成功	通信制サポート校
	24	2019.9.16.	高3	3	3カ月	成功	通信制サポート校
	25	2019.9.26.	中3	1	1カ月	成功	フリースクール
	26	2019.10.17.	中3	3	1カ月	成功	通信制サポート校
	27	2019.11.6.	高1	2	4カ月	成功	就職
	28	2019.11.9.	中2	4	8カ月	成功	フリースクール
	29	2019.11.27.	中3	4	2カ月	失敗	フェードアウト
	30	2020.1.3.	中2	4	3カ月	成功	外に出たが、親の意向で離脱
	31	2020.2.14.	中3	4	2カ月	失敗	両親の不仲で中断
	32	2020.3.17.	高1	3	1カ月	成功	通信制サポート校
2020年度	33	2020.4.3.	既卒、19歳	3	3カ月	成功	大学進学
	34	2020.7.10.	高1	4	1カ月	成功	通信制サポート校
	35	2020.12.9.	中3	4	4カ月	失敗	親が見守りを選択
	36	2020.12.10.	中1	3	1年	成功	eスポーツ、プログラミング講座に通う
	37	2021.2.13.	中3	4	2カ月	成功	家は出られるようになる
	38	2021.2.13.	小6	3	2カ月	成功	中学進学
	39	2021.2.22.	中3	4		失敗	訪問時に不在
2021年度	40	2021.4.15.	中2	4	6カ月	成功	eスポーツコース
	41	2021.5.21.	既卒	5	1カ月	成功	寮から実家に移動

杉浦孝宣（すぎうらたかのぶ）
1960年生まれ。カリフォルニア州立大学ロングビーチ校卒。小学校3年生のときに保健室登校を経験するが、養護学園に半年間通い不登校を克服した。大学卒業後に家庭教師を経験、'85年に中卒浪人生のための学習塾・学力会を設立。以来36年間、不登校、高校中退、ひきこもりの支援活動を行っている。2010年よりNPO法人高卒支援会を立ち上げ、'20年に現場を後進へと譲り会長に就任（現在も困難な事例を中心に支援協力している）。その後、「一般社団法人 不登校・引きこもり予防協会」を設立し活動中。

NPO法人高卒支援会
不登校・引きこもり・中退で悩む小学生・中学生・高校生・20代の若者を対象に支援活動を行っているNPO法人。「子どもたちが規則正しい生活をし、自信を持ち自律し社会に貢献する未来を実現します」をスローガンに掲げ、水道橋、新宿、池袋、横浜に校舎を展開している（2021年10月現在）。

不登校《ふとうこう》・ひきこもり急増《きゅうぞう》　コロナショックの支援《しえん》の現場《げんば》から

2021年11月20日初版1刷発行

著　者 ── 杉浦孝宣＋NPO法人高卒支援会
発行者 ── 田邉浩司
装　幀 ── アラン・チャン
印刷所 ── 萩原印刷
製本所 ── ナショナル製本
発行所 ── 株式会社光文社
東京都文京区音羽1-16-6（〒112-8011）
https://www.kobunsha.com/
電　話 ── 編集部03（5395）8289　書籍販売部03（5395）8116
業務部03（5395）8125
メール ── sinsyo@kobunsha.com

 ISBN 978-4-334-04577-7

1146
教養としてのロック名曲ベスト100
川崎大助

現代人の基礎教養、ロック名曲１００を、これまでにない切り口で紹介・解説。著者の主観・忖度抜き、科学的な手法で得られた驚愕のランキングの1位は？　サブスク時代に最適のガイド。

978-4-334-04554-8

1147
日本のバドミントンはなぜ強くなったのか？
藤井瑞希

近年、なぜ日本のバドミントンは国際大会で目覚ましい結果を残しているのか。ロンドン五輪女子ダブルス銀メダリストの著者が自身の軌跡を振り返りながらその強さの秘密を語る。

978-4-334-04555-5

1148
腸と森の「土」を育てる
微生物が健康にする人と環境
桐村里紗

人の不調と、環境の不調は「土」でつながっている――最も身近な自然環境＝「腸内環境」と心身の関係、日々の食事の選択の重要性と方法を「プラネタリーヘルス」の観点から説く。

978-4-334-04556-2

1149
世間体国家・日本
その構造と呪縛
犬飼裕一

この国を支配する「空気の構造」とは？　そして、他人の目が気になるのはなぜ？　家庭で、学校で、社会で、人の心の中で、世間体はどう作用しているのか。歴史社会学者が多角的に考察。

978-4-334-04557-9

1150
「孤独」という生き方
「ありのままの自分」でいることのできる、自分だけの居場所を求めて
織田淳太郎

自らの体験に加え、孤独な生き方を実践する人たちへの豊富な取材を基に、人間の根源的な欲求を突き詰め、真に「生きる」とはどういうことかを考察する実用的ノンフィクション。

978-4-334-04558-6

1151
ニュースの未来
石戸諭

テレビ、新聞、出版…ニュースを巡る環境が悪化するなか、本当にこれらのメディアに未来はないのか。気鋭のノンフィクションライターが、ニュースの本質とその未来に迫る。

978-4-334-04559-3

1152
「ボヘミアン・ラプソディ」の謎を解く
〝カミングアウト・ソング〟説の真相
菅原裕子

同名映画も大ヒットした「過去1000年で最も重要な曲」にフレディ・マーキュリーが込めたメッセージとは。膨大な資料をもとに、近年ささやかれている、ある「仮説」を検証。

978-4-334-04537-1

1153
日本の食と農の未来
「持続可能な食卓」を考える
小口広太

食の大部分を海外に依存している日本。国内の農業は高齢化や後継者不足が進み、待ったなしの状況にある。今、私たちは何を考え、行動すべきなのか。「等身大の自給」について考える一冊。

978-4-334-04560-9

1154
新聞記者、本屋になる
落合博

新聞記者であった著者はいかにしてひとり本屋を始めることができたのか。定年目前の58歳、子どもは3歳、書店員経験は0。第二の人生、妻の反対を押し切っての本屋開業記！

978-4-334-04561-6

1155
ルポ コロナ禍で追いつめられる女性たち
深まる孤立と貧困
飯島裕子

臨時休校、おうち時間、休業補償、テレワーク……。コロナ禍で生じた出来事の多くでより深刻な状況に陥ったのは女性だった。その背景にあるものを、当事者への取材から探る。

978-4-334-04562-3

1156
日本のジーパン
林芳亭

米国で生まれたジーンズがいかに日本で独自の発展を遂げたのか？ ジーンズ界の重鎮である著者がジーンズの歴史や、日本における受容のプロセス等「ジーパン愛」を語り尽くす。

978-4-334-04563-0

1157
脳の寿命を延ばす「脳エネルギー」革命
ブドウ糖神話の崩壊とケトン体の奇跡
佐藤拓己

巨大で大食漢な働き者「脳細胞」を長持ちさせる助っ人とは⁉ ヒトの脳の発達を可能にしたエネルギーとしてケトン体に注目。認知症・うつを防ぎ健康にも役立つ栄養摂取法を考察する。

978-4-334-04564-7

1158
田舎暮らし~~読~~毒本
樋口明雄

田舎暮らしにスローライフは存在しない！ 東京から自然豊かな地方に移住して20年の小説家が満を持して贈る、田舎暮らしのノウハウと闇。本書を読まずして移住するべからず！

978-4-334-04565-4

1159
知ってるつもり
「問題発見力」を高める
「知識システム」の作り方
西林克彦

「わからない」を見つけるために「きっちりわからなくなる」には？ ロングセラー『わかったつもり』刊行から16年。今最も求められる「問題発見力」を身につける方法を解説。

978-4-334-04566-1

1160
大下流国家
「オワコン日本」の現在地
三浦展

経済力の低下、人口縮小、ジェンダー格差、メディアの怠慢……この国はどこまで堕ちてゆくのか？ 80万部超のヒット作『下流社会』から16年、最新データを基に再び日本を斬る。

978-4-334-04567-8

1161
名画の生まれるとき
美術の力Ⅱ
宮下規久朗

人間にとって必要不可欠な「美術の力」とは？　「名画の中の名画」から「美術鑑賞と美術館」「描かれたモチーフ」「信仰と政治」「死と鎮魂」まで。美術史家と読む、美術の本質に迫る55話。

978-4-334-04568-5

1162
野蛮な大学論
酒井敏

大学人よ、学問の本道に戻って野蛮さを取り戻せ！　「京大変人講座」主宰の京大名物教授が、大学、アカデミズム、教養の本質をズバリ指摘する。豊かな社会のための大学改革論。

978-4-334-04569-2

1163
「問い」から始まる哲学入門
景山洋平

2600年にわたる哲学者の語りあい。そこでは何が問われたのか。なぜ「問い」続けてきたのか——。「問い」の歴史とその意味を知る、不確かな世界を生き抜くための哲学入門。

978-4-334-04570-8

1164
物理学者、SF映画にハマる
「時間」と「宇宙」を巡る考察
高水裕一

フィクションが未来の科学を導く⁉　タイムトラベルから星間飛行まで、物理学者とともに探る一度は夢見たSF世界の可能性。科学の目で見直せば、SF映画はもっと楽しくなる！

978-4-334-04571-5

1165
くじ引き民主主義
政治にイノヴェーションを起こす
吉田徹

民主主義＝選挙ではない。選挙によらない民主主義の形態を歴史的に振り返りつつ、政治参加のための「くじ引き」の可能性を示す。傷ついた民主主義をアップデートする希望の書。

978-4-334-04572-2